汪迪/著

创富实话

The Truth of Creating Wealth

中国财富出版社有限公司

图书在版编目（CIP）数据

创富实话 / 汪迪著 . —北京：中国财富出版社有限公司，2024.5
ISBN 978-7-5047-8162-8

Ⅰ.①创… Ⅱ.①汪… Ⅲ.①财务管理 - 通俗读物 Ⅳ.① F275-49

中国国家版本馆 CIP 数据核字 (2024) 第 094218 号

| 策划编辑 | 张彩霞 | 责任编辑 | 贾紫轩　宋水秀 | 版权编辑 | 李　洋 |
| 责任印制 | 梁　凡 | 责任校对 | 张营营 | 责任发行 | 杨恩磊 |

出版发行	中国财富出版社有限公司		
社　　址	北京市丰台区南四环西路 188 号 5 区 20 楼	邮　编	100070
电　　话	010-52227588 转 2098（发行部）	010-52227588 转 321（总编室）	
	010-52227566（24 小时读者服务）	010-52227588 转 305（质检部）	
网　　址	http://www.cfpress.com.cn	排　版	博峰文化（北京）有限公司
经　　销	新华书店	印　刷	三河市天润建兴印务有限公司
书　　号	ISBN 978-7-5047-8162-8/F · 3682		
开　　本	710 mm × 1000 mm 1/16	版　次	2024 年 7 月第 1 版
印　　张	14.5	印　次	2024 年 7 月第 1 次印刷
字　　数	144 千字	定　价	52.00 元

版权所有·侵权必究·印装差错·负责调换

前言

以财富思维划分，不同的人生呈现不同的模式。

初级模式：寻找一份看似稳定的工作，然后朝九晚五，附加价值来自拼命加班，单位时间内只能实现一种价值。

中级模式：在有效工作的同时，经营一份副业，兢兢业业、精疲力竭，好在生活水平一定程度上得到了改善，单位时间内可以实现两种价值。

高级模式：开动顶层设计，购买他人时间为自己赚钱，以"睡后收入"完成资产的不断膨胀，单位时间内可以实现数种价值。

这个世界上，总是在初级模式驻足的人数居多，原因无他，至少有90%的人始终没有认清自己的能力，自己具备哪些特点，可以通过何种渠道增加自己的收入。

换言之，多数人在不遗余力地追求财富，却并没有认真思考过应该通过什么样的方式赚到更多的钱。

又有多少人沉迷于朝九晚五的稳定生活，偶尔用信用卡满

> 创富实话

足一下物质欲望，便觉得生活已然美好如斯，失去了进一步奋斗的动力。

所以说，有的时候，的确需要在自己身上多找找原因。因为它不仅决定了我们与时间发生何种关系，更是使我们的生命体遭受一切困厄的底层逻辑。

社会的真相是，我们身边从来不缺少赚钱的机会，缺少的是发现这些机会的顶层设计。

每个人都应该给自己做一份合理的顶层设计，用更有价值的方式，出售自己生命中并不奢侈的时间。个人的经营模式要一步步升级，才能实现时间与财富的真正自由。

金融行业有这样一句话："你不理财，财不理你。"多数人可能觉得它是怂恿别人投资的噱头。可是如果我们能够进行深层次思考，便会明白：如果没有对于金钱的强烈执念，如果没有在潜意识里植入赚钱的设计与方法，钱为什么会来到我们身边呢？

未来，随着社会的不断进步和变革，"个体崛起"已成为不可阻挡的趋势。大趋势下，我们每个人都应该及早地挖掘自己的潜能和优势，将这些优势转化为实实在在的变现能力。这不仅是为了自我价值的实现，更是对这个时代最好的回应。

《创富实话》不仅是一本披露财富真相、描述财富逻辑的顶层设计指导手册，更是一部剖析人生事理、批判劣性思维的心鉴读物。它所展示的，不仅是金钱世界鲜为人知的秘密，更是我们发挥生命潜能优势的通用解码。

　　本书深刻剖析了人们对于金钱的隐性观念。譬如：有人笃信即便囊中羞涩亦能自得其乐；有人觉得创造财富难如登天；有人对资金增值漠不关心，仅满足于自己的血汗钱；有人觉得向人借钱有失颜面；更有人自我贬低，认为自己不配拥有更多的钱。

　　这些难以觉察的观念，并非存于我们的显性意识之中，而是深植于我们的潜意识之下。正因如此，它们对我们的影响是潜移默化的，在不知不觉间，阻断了我们与财富的关联。

第一章
使无数人陷入财务混乱的"财富箴言"

002 / 成功没有捷径？然而，捷径一直都在

008 / 迷信权威或许会让你偏离财富轨道

013 / 坚持正确才是胜利？为什么说它是个伪命题

018 / 苦干没错，埋头何益？

023 / 财富自由是碗毒鸡汤？不能一概而论

028 / "对自己好一点"，一个无底的消费陷阱

第二章
我们仍在迷茫，是因为没有补上思维漏洞

034 / 没钱一样可以很快乐？谁说的

038 / 哪有富贵在天，不过事在人为

042 / 跨越圈层，你得"跳"起来

048 / 为什么遭遇职业危机？因为一直固守荒地

053 / 贫困与败落，常是习惯平庸基因惹的祸

第三章
是什么正在不断掏空你并不富裕的钱包

062 / 奢侈消费陷阱："精致穷"到底哪里来的精致

067 / 健康消费陷阱：养生保健没错，但别花冤枉钱

073 / 网购消费陷阱："买不起"就要反省自己？什么逻辑

079 / 超额教育陷阱：给孩子买未来，也要坚守边界感

084 / 盲目投资陷阱：不懂安全边际，容易血本无归

091 / 冲动创业陷阱：远离"赢得起，输不起"的孤注一掷

第四章
为什么许多创业者猝然倒在通往明天的路上

098 / 谁都有资格创业吗？你想太多了

106 / 有好点子就能变现？也可能很烧钱

111 / 懂技术就赚钱？淘汰不过一瞬间

116 / 内行看门道，外行只能看热闹

120 / 忽略成本支出，必然一败涂地

126 / 迷信不断扩张，最后只能被迫关张

132 / 不重视经营，每一步都是腥风血雨

第五章
将个人品牌化，用企业思维经营自己

142 / 想赚大钱，先设一个具体的"营收目标"

148 / 压制散漫基因，制定个人专属的"规章制度"

152 / 人人都是CEO，把自己当成品牌去运营

157 / 收敛你的刚愎自用，"独狼"没有生存空间

162 / 别任性，脾气和财富从来成反比

第六章
创富不能单打独斗，学会互联才能赚钱

168 / 学会向上社交，懂得向下赚钱

174 / 一个越来越有钱的方法：借鸡生蛋

180 / 创富不能单打独斗，学会互联才能赚钱

186 / 梦想中的团队是如何建成的

193 / 赚钱必须"全拿走"？分钱讲究"全都有"

第七章
躺平才是财富自由，请玩转"睡后收入"

200 / 高速致富，要靠"睡后收入"

204 / 行业选择："睡后收入"该从哪里入手

208 / 周转＝赚钱：如何使"睡后收入"滚动起来

213 / 跟着"趋势"赚钱

217 / 知识变现：让学习力产生持久的经济影响

第一章

使无数人陷入财务混乱的
"财富箴言"

创富实话

成功没有捷径？然而，捷径一直都在

 创富实话 ||||||||||||||||||||||||||||||||||||||||||||||||||||

> 每位成功者都拥有自身独特的优势与条件，这些难以被复制的因素，才是他们成功的真正基石。

"成功无捷径"的观念，在一定程度上误导了很多人。深入探究后不难发现，众多成功者其实都巧妙运用了高效且精妙的策略，而他们对外却宣称成功来自不懈坚持与努力，别无他途。然而，即便你能洞察到他们成功的真相，也难以轻易复制其辉煌成绩。因为每位成功者都拥有自身独特的优势与条件，这些难以被复制的因素，才是他们成功的真正基石。

以贝佐斯为例。1995年，他的父母为他提供了245573美元（折合人民币约171万元）的资金支持，以挽救亚马逊的困境。这一事实鲜为人知。若你仅依赖主流媒体的信息，将贫穷归因为个人失败，将财富和成功归功于个人美德，那么你将无法洞

第一章
使无数人陷入财务混乱的"财富箴言"

悉成功的真相。

再看比尔·盖茨的案例。他常被描绘成一位勇敢追求IT梦想的辍学青年。然而现实是，他的母亲玛丽·盖茨曾担任全国联合劝募协会执行理事会主席，正是她促成了IBM与微软的合作，为比尔·盖茨和微软今日的辉煌奠定了基础。比尔·盖茨的才华毋庸置疑，但若非其家庭背景和人脉资源，他或许难以获得如今的成就。

或许亿万富翁的故事让普通人觉得遥不可及，那就让我们聚焦在更贴近普通人生活的事情上。

楼下的老罗，一位执掌大型饭店大权的企业家，凭借自身的努力和独到的商业眼光，成功购置了奢华座驾与尊贵府邸，无疑成为普罗大众心中的成功典范。

我们深知，老罗的财富积累主要源于其蓬勃发展的饭店事业。然而，即便我们洞悉了这一点，却依旧难以企及他的财富高度。这究竟是为何呢？

因为老罗虽然口口声声宣称成功无捷径，却未曾透露他真正的成功秘诀其实在于那几道别出心裁的招牌佳肴。这些菜肴的独特风味，他人即便费尽心思，也难以完全复制。

老罗家族世代传承着精湛的烹饪技艺，其祖辈更曾在宫廷御膳房中执掌大勺，留下了一些秘不外传的烹饪诀窍。这些诀窍对于外人而言，无异于寻宝图中的隐秘线索，既难以捉摸，

创富实话

又无法效仿。这恰恰是老罗通往成功的捷径所在。

很多时候，我们怀揣对成功的渴望，去聆听那些站在巅峰的成功者的励志格言与教诲。聆听之际，我们或许会心血来潮，仿佛寻觅到了通往成功之巅的秘诀。然而，当我们静下心来细细品味，却不难发现他们所言的往往只是一些经过精心雕琢的漂亮话，对于我们渴望的并无实质性帮助。

那么，为何那些凭借捷径迅速崛起的成功者频频宣称成功无捷径可言呢？

第一，通往成功的道路充满坎坷。

没有人能随随便便成功，虽然很多人遇到了成功的契机，但是想要抓住契机，做出成绩，依然要付出实实在在的努力、跨过各式各样的艰险。另外，由于人们对于苦难的记忆往往更加深刻，所以在总结经验时，往往忽略"契机"，着重强调"艰辛创业"的历程。几乎所有人在回想往事时，欢乐的时光往往只是记忆中的一瞬，而苦难的经历连细节都会记忆犹新。要知道，苦难是最能体现主观能动性的状况，所以人们记忆犹新也不足为奇。

第二，推崇勤勉务实的工作理念。

成功者常常宣扬这样一种观念：成功并无捷径可寻，它是一场充满挑战的艰巨征程。他们着重强调，唯有通过持之以恒的努力、兢兢业业的工作和严谨务实的态度，才有可能触及他们

第一章
使无数人陷入财务混乱的"财富箴言"

的高度。这番话语无形中鞭策着人们继续脚踏实地、勤勉工作，怀揣通过自身不懈努力终能获得成功的希望。然而，这种品质不过是成功的前置条件，并非核心原因。

第三，对成功秘诀持保守态度。

成功是一系列有利因素共同作用的结果，有些因素是普遍性的，例如前面提到的勤恳、务实等，但还有一些因素是具有"特殊性"的，因人而异、因时而异，而这部分因素，恰恰是具有决定性的。但是因其不具备普遍性，而且属于"诀窍"，所以成功者不会把这部分因素大肆宣扬，这也是情理之中的事。

财富进阶

当然，成功的捷径绝非轻描淡写那般简单。那些所谓的捷径，实际上是每位成功人士独有的天赋、背景、机遇与资源的完美结合。即使他们将这些悉数相告，我们也未必能够依样画葫芦，因为每个人都是独一无二的个体，拥有不同的个性和天赋。每个人都有一条属于自己的捷径，能否找到它，全在于个人的领悟。

然而，有一条捷径是适用于所有人的，那就是思考。思考能够帮助我们抓住人生中稍纵即逝的机遇，特别是在策划未来蓝图和制定发展战略时，思考显得至关重要。

那么，进行未来规划和战略制定时，我们应该如何思考呢？

知道自己想要什么

无论个人还是团队，在制定发展战略之前，都必须深入思考自己真正追求的是什么。只有清晰地认识到内心的渴望，我们才能围绕这个目标进行针对性的思考，进而制定出切实可行的发展战略。

知道自己不想要什么

在深思熟虑及规划发展策略时，此点同样至关重要。唯有清晰地洞悉自身所不欲之物，方能避免在无谓之事上虚耗光阴与精力，进而更为专注地投身真正值得追求的事业中。

做一些新鲜尝试

战略与创新紧密相连。在制定个人或组织发展战略时，我们的思考应致力于挖掘新颖元素，敢于进行与众不同的思维碰撞。换言之，创新应成为我们思考的核心。

事实上，战略并非仅仅是一门科学。法国哲学家亨瑞·波根提出："科学具有可重复性，因此我们可以轻易发现其规律，但

第一章
使无数人陷入财务混乱的"财富箴言"

战略却截然不同。"然而,许多人在制定战略时常常陷入思维定势——过分追求战略的安全性,盲目学习成功案例并进行模仿。这种做法极大地限制了我们的思考范围,使得未来发展道路变得狭窄,丧失了更多的可能性。

迷信权威或许会让你偏离财富轨道

 创富实话

即便是一条捷径,如果被所有人都知晓,那么它便会陷入拥堵,不再是坦途。

2014年,牛津大学分子生物学博士生约翰·博安农进行了一项备受瞩目的研究。他精心开展了关于"垃圾食品"的研究,并大胆宣称食用黑巧克力有助于减肥。尽管这份研究报告在多个方面存在显著漏洞,但令人惊讶的是,它在短时间内得到了各个国家的多家媒体的广泛报道,被誉为"吃货的福音"。令人遗憾的是,竟无一家媒体对这一结论提出质疑。

为何这一研究能在短时间内获得如此广泛的关注?原因不外乎两点。首先,约翰·博安农作为牛津大学的博士生,其显赫的学术背景使人们对他的研究产生了强烈的信任感。其次,他在研究报告中引用各种数据,尽管这些数据存在诸多瑕疵和漏洞,但数字的力量往往更容易让人们信服。

你看见了,很多时候,正是这些所谓的"权威"声音,或许会让我们在不知不觉中陷入谬误,还对此深信不疑。

我们对权威的深信不疑源自一种心理倾向:当我们从整体上对某人产生信任或认同时,就会在思维中不断放大其优点,形成正面的信息回馈。这种心理现象在面对权威人士时尤为显著,普通人往往容易在权威面前质疑自己的观念、情感和洞察力,转而依赖他人的决策来指导自身行为。然而,这种依赖他人为自己做出决策的行为,实则是一种自我认知的让渡,可能阻碍我们形成独立思考和自主行动的能力。

于是就涌现出一些商业化的操作者。他们将权威的理论进行商业化包装,利用公众对权威的信赖心理,来谋求自身的商业利益。这些操作者动辄杜撰一些理论,并贴上名人标签,借此提升自身的影响力和公信力,为自身的营销和代言活动造势。然而,真实情况往往是,这些被引用的言论并非出自名人之口。不同的人在传播和阐述权威的观点时,往往带有各自的目的和动机。

当然,相信权威是正常现象,但过度迷信则不可取。因为过度迷信会导致人们失去判断的能力,容易被那些别有用心的人所利用,从而使原本善意的行为沦为他人宣传的工具。因此,我们应该保持理性思考,不盲目迷信权威,以免被误导和利用。

创富实话

📈 财富进阶

在生活中,我们常常会不自觉地受到权威的左右,从而丧失独立思考的能力。权威就像一个隐形的枷锁,潜移默化地影响着我们的行为和决策。

那么,如何打破权威的束缚,重新找回独立思考的自由呢?我们可以尝试运用"三全"思考法。

全息思考

要全方位地收集与分析信息。我们往往容易被权威的光环所迷惑,一看到对方的头衔和地位,就盲目地认定其言论的专业性和正确性。然而,全息思考提醒我们,宇宙中的万事万物都是相互联系的,任何一个看似完美的谎言,只要我们能够全面地收集与之相关的信息,总会发现其中的矛盾和破绽。这些矛盾和破绽就是我们揭开"权威"谎言的关键所在。

全观思考

要以点带面、以面带体,从多维度审视问题,力求从360度的全方位视角出发,探寻问题的多个层面和解决之道。世间万物皆为多面体,权威往往仅揭示其中一面,抑或夸大某一方

第一章
使无数人陷入财务混乱的"财富箴言"

面的作用,使我们陷入其设定的思维框架之中。受其迷惑,我们或许会盲目地追随其视角,只见树木不见森林,导致对问题理解片面而产生偏颇。

为了摆脱因思想依赖带来的偏狭,我们必须培养思辨精神,以批判性的眼光审视问题,认识到事物的多面性,从不同的维度和视角切入,全面而深入地剖析问题。这样,我们才能拨开迷雾,洞悉真相,以更全面、更客观的态度面对世界。

全程思考

我们要在时间的长河中审视问题,不仅关注当下,更要洞察过去与未来。世间万物皆处于不断演变与进步之中,我们必须以发展的眼光来剖析事物。

在这个日新月异的时代,许多人仍然深受"尊古卑今"思想的束缚,盲目崇拜所谓的"古方"。然而,他们忽略了时代变迁带来的影响,那些曾经适合古人的方法,未必能适应现代社会的需求。若我们运用全程思维来审视这一问题,或许能更深入地揭示事物的本质。

全程思维教导我们,任何事物的产生都有其特定的背景和历程。过去合理的存在,并不意味着在今天依然适合。事物在不断发展,如果我们一味地迷信过往的经验和权威,那么这些

创富实话

原本有益的东西,反而会变成束缚我们思想的枷锁。

这就需要我们秉持全程思维,以开放的心态接纳新事物,用发展的眼光看待问题,不断探索和创新,以适应这个不断变化的世界。

第一章
使无数人陷入财务混乱的"财富箴言"

坚持正确才是胜利？为什么说它是个伪命题

 创富实话

> 前提是要做正确的事，然后才是正确地做事。若你所做之事正确，便可水到渠成；若你所做之事大错特错，则做得越多，错的越离谱。

许多人经常转发这样一句话：今天很残酷，明天更残酷，后天会很美好，但绝大多数人死在明天晚上。

深入剖析这句话，它所传达的信息不过是：当前困境重重，但只要坚持不懈，终将迎来美好时光。

然而，这句话的实质价值究竟如何？值得商榷。事实上，谁都知道，挺过艰难时刻，便会迎来希望的曙光。但关键在于，如何才能在困境中坚守到曙光出现？又该如何才能战胜困厄？

执着，无疑是人生中的一种积极态度。但若是执着于不恰当的时机或对象，它便失去了积极的意义。此时的执着，或许

创富实话

只能称为顽固,其结果往往是因小失大,为了一棵树而放弃整片森林。

作为职业作家与演说家,马克·吐温的成就堪称卓越,他的名声远播四海。然而,鲜为人知的是,这位文学巨匠在商海的尝试却遭遇了重重挫折,饱受磨难。

马克·吐温曾投资开发打字机,但最终以损失5万美元的惨重代价收场,一无所获。看到出版商因发行他的作品而赚得盆满钵满,他心生不甘,决心涉足出版业,开办了出版公司。

然而,商业运营与文学创作毕竟是风马牛不相及的两个领域。马克·吐温很快便陷入商业的泥沼,他的出版公司最终以破产告终,他本人也深陷债务危机。

遭受了两次失败,马克·吐温终于认清了自己与商业无缘,毅然放弃了经商的念头,转而投身全国巡回演说。在演讲台上,他风趣幽默、才思敏捷,完全没有了商场中的狼狈与窘迫,重新找回了自我。最终,他凭借自己的辛勤的演讲收入还清了所有债务。

人生如同航行在大海上的一艘船,需要明确自己的航向,并充分利用自身的优势。当我们尝试在自己不擅长的领域挣扎时,往往会遭遇困境。当我们顺应内心的召唤时,回归自己的长处,才能驶向成功的彼岸。马克·吐温的故事,就是对这一道理的生动诠释。

第一章
使无数人陷入财务混乱的"财富箴言"

在追求事业的过程中,执着精神固然重要,但同样不可或缺的是灵活的变通能力。事实上,持续不懈的努力和持之以恒的精神,只是一个人成才的众多条件之一,其他诸如机遇、天赋、兴趣、悟性、体质等因素同样重要。如果在研究某一学问、学习某一技术或从事某一事业时,你发现自身条件确实不足,且经过相当的努力仍无显著进步,那么学会"放弃"并寻求新的途径,或许更为明智。

财富进阶

古人有云:"善弈者谋势,不善弈者谋子。"在如今变幻莫测的市场环境中,战略选择的重要性愈发凸显。对于追求财富的人而言,一旦财富规划出现失误,即便付出百倍努力也难以挽回。因此,一个明智的财富追求者不仅需要具备洞察形势和趋势的远见卓识,还需结合自身所处的环境和条件,做出全面而周密的考量。

然而,难点在于,我们如何能够准确预测和判断当前所从事的事业是否适合自己,是应该继续坚持还是果断放弃?一个简单有效的方法是从自己熟悉或擅长的领域入手,这样往往能够事半功倍,显著降低创业过程中的风险。

为了提高创业成功的概率并降低失败的风险,在创业伊始及制订创业计划时,我们必须着重关注以下三个方面。

创富实话

要对自己有一个客观的认知

成功的精髓在于"深知自我是谁",而非仅仅"欲求何为"。对于追求财富者而言,单纯知晓自身所欲并不足够,更为关键的是,应明晰自身所能、所擅长。当然,人的潜能是一个逐步展现的过程,但对自身的兴趣与潜能有基本认知,仍是迈向成功的重要前提。

在明确个人志向与能力的同时,我们还需审视社会需求这一关键因素。若所选创业领域既符合个人兴趣,又与个人能力相契合,却与社会需求脱节,其创业前景仍将黯淡无光。

冷静评估自身资源储备

这包括社会关系、专业技能等方面,要深入探寻其中所蕴含的商业价值,以寻找创业与投资的切入点。有些人或许拥有优质的软硬件资源,却因未能找准发力点,导致创业之路波折重重。同时需注意,并非所有的资源都具备商业价值,追求财富者在评估自身资源时,应尽量避免主观臆断。

第一章
使无数人陷入财务混乱的"财富箴言"

避免急功近利

倘若我们当前尚未具备开启创业征程的必备资源,那么,贸然前行并非明智之举。相反,给予自己充足的时间与空间,积极为未来创业之路积累与整合所需资源,方为上策。尤其是对于那些资源有限的小规模创业者,稳健行事,避免盲目冲动,方能确保不在激烈的市场竞争中轻易折戟。

在现实中,有些人仅凭直觉或道听途说便草率做出决策,匆匆投身所谓的"热门"行业。然而,随着创业活动的逐步深入,他们往往发现自己在经验、知识、能力及人脉等方面与所选项目格格不入,竞争力严重缺失。因此,财富追求者在创业伊始就应本着务实求真的态度,结合自身实际及可调动的资源,精心制订切实可行的创业计划。这不仅是创业成功的重要保障,更是智慧与成熟的体现。

苦干没错,埋头何益?

 创富实话

苦干无须埋头,必须抬头看路。

"勤劳铺就财富路,汗水浇开成功花。"有些"心灵鸡汤"是这样说的,很多人也是这样做的。

他们想当然地认为,埋头苦干就一定能致富。如果"苦干"还没能致富,那一定是干得还不够,还不足,还得加油。

可实际上是这样吗?并不完全是。

"勤劳致富"这一概念,的确是人类社会不断前行的核心驱动力,体现了每个人对美好生活的热切向往。无人能否认勤劳的深远意义与重大价值,亦无人会反对秉持勤劳的态度与精神。然而,一味地埋头苦干,却不知抬头看路,注定会让我们在这个日新月异的世界里慢人一步。

首先,勤劳并不等同于创造高价值。价值,作为衡量财富

第一章
使无数人陷入财务混乱的"财富箴言"

的重要标尺和决定收入的关键因素,其源泉在于需求与供给的平衡。需求来自人们对物质与精神生活的渴望,供给则源自人们对这些需求的满足能力。只有当我们能够提供符合市场需求、具有利润空间的产品或服务时,才能真正创造价值,进而获得收入。反之,如果我们只是机械地重复劳动,缺乏创新、改进和提高效率与质量的意识,那么我们不仅无法创造价值,反而会降低价值,最终失去收入。

其次,勤劳也并不意味着就能抓住机遇。机遇作为实现财富增长的关键要素和影响收入差距的重要因素,其产生离不开有利的社会环境和强大的个人能力。社会环境包括政策、法律、制度、文化、教育、信息等多个方面,个人能力则涵盖知识、技能、经验、人脉、资源等诸多领域。只有当我们能够敏锐地捕捉有利的社会环境,并不断提升自己的个人能力时,才能抓住机遇,实现财富的增长。

显而易见,财富与劳动之间存在着紧密的相关性,但二者并非完全等同。劳动是财富的源泉,但财富并非仅由劳动所决定。

以你为例,假如你每天辛勤劳作 8 小时,一年能产出 20 吨大米,那么你的财富便等同于 20 吨大米所能换取的价值。若你加倍努力,每天劳作 12 小时,年产出提升至 30 吨大米,你的财富也将相应增长至 30 吨大米所能换取的价值。在这个阶段,

创富实话

财富与劳动的关系呈现出一种正比例关系。

然而，劳动创造财富的过程并非永无止境。在早期阶段，每增加一单位的劳动时间，所创造的财富总量会迅速上升。但随着时间推移，这种增长速度会逐渐放缓。当达到某个临界点时，即使再增加劳动时间，所创造的财富总量也几乎不会再有显著增长。这便是劳动创造财富的天花板效应。

这个效应可以用经济学中的边际效用递减原理来解释。就像一块农田，当只有一个农民耕种时，他可能因为体力有限而无法充分利用土地资源。当增加至5个农民时，他们所创造的财富可能会接近5倍的增长。然而，当农民数量继续增加至50人时，由于劳动力已经饱和，他们所创造的财富可能只会增长20倍甚至更少。此时，再增加劳动力也无法创造更多的财富。

 财富进阶

正如前文所述，勤劳固然是确保生存的基础，但未必能引领我们走向富裕。富裕的本质并非单纯创造财富，更在于财富的分配。创造财富依赖我们的能力，分配财富则取决于我们自身的稀缺性。

那么，对于我们普通人而言，应如何行动呢？关键在于提升自身的稀缺性，而非仅仅埋头苦干。我们需要深入思考的问题包括：

第一章
使无数人陷入财务混乱的"财富箴言"

我是否具备高度稀缺的技能或能力？如果没有，我应该从哪些方面着手培养？

我是否身处公司最具稀缺性的部门？如果不是，我应如何调整自己的职业路径？

我是否占据了部门中最稀缺的职位？这些职位需要哪些核心能力，我又应如何提升自己以符合这些要求？

我是否掌握了最稀缺的资源？如果没有，我应如何寻找并获取这些资源？

我现在所拥有的稀缺性，在未来是否仍能保持其稀缺地位？未来哪些资源将成为新的稀缺热点，我又应如何预见并布局？

通过这样一系列深入且务实的思考，我们才能更好地规划自己的职业发展道路，实现个人价值的最大化。

针对当前的社会与市场环境，下面为大家提几点建议，以助你在激烈的竞争中脱颖而出。

把握时效性机遇

在信息时代，当免费资源的获取变得轻而易举时，真正具有价值的就是那些无法轻易复制的资源。时效性是其中的一大特点。要想通过时效性赚取利润，你必须在初期阶段迅速行动，抢占先机。这好比精装书的盈利逻辑，依赖首批读者的热烈

创富实话

追捧。

终身学习的真谛也在于此。通过不断学习，我们可以领先同龄人一步，成为具备时效性优势的人才，从而避免陷入低水平竞争的旋涡。

彰显个性化特色

鉴于免费资源的基础在于可复制性，那么无法复制且具有价值的资源自然成为稀缺珍品。个性化元素便是其中的佼佼者。在泛滥的同质化竞争中，只有独具匠心的个性化产品或者技能服务，才能吸引投资者的目光，赢得市场的青睐。

提供实用且易懂的产品与服务

有时候，我们会遇到一些难以理解但极具价值的图书或信息。如果有人能够将这些内容以通俗易懂的方式呈现出来，我们往往愿意为之付费，这正是解读经典产品的市场需求所在。无论在哪个时代，具备清晰解释事物的能力都是可以赖以赚钱的。例如，律师行业的本质就是帮助客户理解复杂的法律条文。

在信息爆炸的今天，这种需求愈发凸显。面对海量的信息和复杂的产品，人们更需要有人为他们指点迷津。

财富自由是碗毒鸡汤？不能一概而论

 创富实话

追求财富自由可能会使我们落入某种圈套，但对财富自由的追求不能说是精神毒药。

什么是财富自由？

关于"财富自由"的诠释，不同人有着各异的解读，但大多数人会倾向于这样一个共识——财富自由便是拥有足够的资金与时间，去做自己真心热爱的事情。

财富自由是许多人内心的向往。特别是近年来，网络上充斥着大量关于如何实现这一目标的"成功"故事。

比如，有所谓的"80后"靠精准投资房地产，轻松积累了千万市值的资产，被标榜为财富自由的典范；又或者，某位"90后"在繁忙的工作之余，通过理财在市中心全款购置了三套房产，这似乎也被视为通往财富自由的一条捷径。然而，这些案

> 创富实话

例的真实性有待商榷。即使是真实的，它们也不具备普遍性。看过多的这类故事会让人产生一种错觉，仿佛财富自由触手可及，但实际上，这背后往往隐藏着复杂的风险和不可复制的个人经历。

更需警惕的是，一些不法分子利用人们对财富自由的渴望，设下圈套。他们可能会打着"轻松理财，高收益回报"的幌子，吸引缺乏经验的投资者。比如，宣传说："无须专业知识，新手也能通过复利效应轻松实现年化收益率20%。"但稍有金融常识的人都知道，如此高的收益率往往伴随着极高的风险。一般而言，若年化收益率超过6%，投资者就应该高度警惕；若超过8%，很可能面临本金损失的风险。因此，对于那些承诺高收益但风险极低的投资项目，投资者应保持头脑清醒，避免上当受骗。

在追求财富自由的道路上，财富追求者需要不断学习、积累经验，并根据自身的风险承受能力和投资目标做出明智的决策。只有这样，才能在复杂多变的投资市场中稳步前行。

也有人持这样的观点：如果所有人都实现了经济上的增益，那么岂不是全体都达到了财富自由的状态？然而，这显然是一种误解。假设我们以某个具体的财富数额作为财富自由的衡量标准，比如现在将500万元视为这一门槛。但我们必须认识到，对于目前尚未达到这一数字的大多数人来说，积累到这样一笔财富可能需要数年、十数年，甚至数十年的不懈努力。

更为关键的是，在通货膨胀这一经济现象的影响下，未来某一时刻的500万元与现今的500万元在购买力上将会存在显著差异。也就是说，即便经过长时间的努力，个人终于累积到500万元的财富，但届时财富自由的标准可能已经悄无声息地提升至1000万元或更高。因此，届时那些手中握有500万元的人，实际上并未真正迈入财富自由的门槛。

尽管如此，这并不意味着我们应该放弃对财富自由的追求。因为即便最终可能无法完全实现这一目标，但在追求的过程中，我们却能够实实在在地提升自己的生活质量。只有持之以恒地努力追求，我们才能在这条道路上看到希望的曙光。

财富进阶

当前存在一种明显的趋势，即随着年龄的增长，个体越来越倾向于通过使用理财策略来增加财富。这一现象在一二线城市中尤为显著，居民更倾向于利用资金进行投资，以实现资产的增值。高收入群体通常更认同将金钱视为创造更多财富的工具，而非仅仅作为交易的媒介。

这些现象反映出几个核心观点：随着年龄的增长，个体对投资理财重要性的认识逐渐加深；随着财富积累和对财富认知的提升，个体更加意识到投资理财的必要性；核心城市的信息优

创富实话

势有助于居民形成更为成熟的投资理财观念。

换言之,对投资理财的清晰认知将有助于个体更接近"财富自由"的核心区域。然而,任何理财行为都伴随着一定风险,最佳的投资策略是基于个人的风险承受能力来选择合适的投资产品。那么,对于非金融专业的财富追求者而言,他们要如何评估理财产品的风险呢?

审视产品类型

在银行理财的范畴内,产品通常划分为五个风险等级:谨慎型(R1)、稳健型(R2)、平衡型(R3)、进取型(R4)以及激进型(R5)。随着数字递增,产品所蕴含的风险随之加大。投资者在选择时应明确产品所属的风险等级,这些等级在产品说明中通常会有明确标注。

把握投资方向

以基金为例,若其投资标的主要是短期国库券、政府公债、大额可转让定期存单、银行承兑汇票等低风险资产,如货币基金,则风险水平相对较低。相反,若基金主要投资于股票,如股票型基金或混合基金,其所面临的风险显著较高。

第一章
使无数人陷入财务混乱的"财富箴言"

解读收益率描述

一般而言，收益率较高的理财产品往往伴随着较高的风险。例如，股票型基金的风险和潜在收益就高于货币基金。这一原则在其他类型的理财产品中同样适用：风险与收益通常成正比。

综上所述，投资者在选择理财产品时，应仔细阅读产品介绍，理解产品的风险等级，等级越高，投资风险越大。R1和R2级别的产品适合稳健型投资者，R3、R4和R5级别的产品更适合风险承受能力较高的激进型投资者。

市场上常见的股票、股票型基金、期货等都属于高风险产品，货币基金、债券基金则归类于低风险理财产品。值得注意的是，即使某些理财产品风险较低，也不意味着它们能够保证本金不受损失或提供固定收益。

"对自己好一点",一个无底的消费陷阱

 创富实话

我们应该对自己好一点,但不应该拿自己的原始积累去喂养企图从我们身上吸走金钱的人。

"对自己好一点",这是那些觊觎你财富者的口头禅。

"对自己好一点",初听之下,似乎是在倡导我们应更加珍视个人的需求和感受。然而,深究其内涵,它实则在潜移默化中引导我们过度聚焦自我,将个人的欲望和满足置于首位。当我们越来越沉溺于自我的世界,他人便有了可乘之机,轻易洞悉我们的软肋。

不知你是否留意过,每当你准备打开钱包时,身边的店员、屏幕中的博主,甚至是你自己的内心,都在回响着一句话:"要善待自己,要购买力所能及范围内最优质的东西!"

这些话语的套路不过如此——

第一章
使无数人陷入财务混乱的"财富箴言"

名牌产品虽然价格不菲，但其卓越品质能确保有更长久的使用寿命，从而平摊了每次使用的成本；

选择优质产品有助于提升个人气质，为了与名牌服饰和化妆品相配，你必须努力成为更优秀的自己；

那些让你犹豫不决、心疼不已的昂贵单品，它们会激发你更强烈的赚钱动力！

这些话听起来似乎句句在理，字字珠玑，直击人心。然而，一旦你轻信了这些言论，便会陷入一个名为"善待自己"的营销陷阱中。届时，你的钱包将难以自保。

甚至有些缺乏理智的人，会倾向于提前消费，从而牺牲自己未来追求财富的机会。无可否认，消费确实能够带来优质的商品和服务，为我们提供良好的生活体验。然而，我们也必须警惕商家常用的一些策略，避免被轻易操纵。

为了激发消费者的购买欲望，商家们会设置各种巧妙的陷阱。例如：

他们可能会暗示你，如果在外表上不投入足够的金钱，你就会失去价值和吸引力。这种说辞触动了许多人内心深处的恐惧——被社会所排斥。于是，在恐惧的驱使下，许多人会毫不犹豫地掏出钱包。

然而，问题在于，消费之后真的能换来真爱和尊重吗？这显然是两个完全不同的问题。

创富实话

如果持续忽视高端护肤品的必要性，肌肤的老化将不可避免地加速呈现，变成人们口中的"黄脸婆"。这实际上是商家在巧妙利用我们对于容颜衰老的焦虑，给我们制造心理恐慌。

真相是，即便我们在昂贵的护肤品上投入很多，如果生活习惯不规律，健康状况欠佳，肌肤依然会失去光彩。单纯的消费行为并不能从根本上缓解我们的恐惧和焦虑。

年轻时若不倾力打造自己的美丽，难道要等到年老色衰时再来装扮吗？这种论调无疑在暗示，对于美丽的追求和投入是女性必须且应该的选择。于是，很多女性挣着不菲的工资，却过着拮据的生活。

网络调查数据显示，超过60%的年轻人月收入虽仅数千元，但月消费额却远超此数。他们为何选择这种消费模式？答案在于他们秉持"对自己好一点"的生活理念。然而，这种即时满足的消费行为往往导致他们负债累累，给未来的生活带来沉重压力。

这就是"对自己好一点"这一观念带来的后果：我们的金钱流入了商家的口袋，自己则承受了巨大的经济压力。

财富进阶

人们都拥有购物的需求和欲望，这是无可厚非的。然而，很多时候，我们在购物之后却发现，所购买的物品有许多是无实际用途的，或者属于可买可不买的范畴。

有些人甚至会持续不断地投入更多的时间、金钱和精力，去购买那些远远超出他们实际需求的物品。最终，他们也会丢弃大量的物品，原因就在于他们在购物过程中，常常冲动地买下许多自己并不需要的东西。

由于未能妥善规划自己的财务，他们的经济状况往往变得十分拮据。虽然这种情况确实激发了他们追求财富的欲望，但他们却发现自己根本无法拿出足够的原始资金实现这一目标。

这是一个亟待解决的问题。实际上，当你意识到自己存在这种盲目购物的倾向时，不必过于焦虑，可以采取以下措施来加以改善。

制订明确的购物计划

在踏入商店之前，你务必制订清晰的购物计划，抑制住无目的的购买冲动，精心列出所需物品清单，然后迅速在商店内定位并购买。然而，要真正改变一种行为习惯，最佳的策略是用另一种行为来替代它。例如，你可以选择去散步、与朋友聚会、前往图书馆或洗个冷水澡，任何能够阻止你冲动消费的活动都可以作为有效的替代方法。起初，你可能会感到失去了逛街的乐趣，但随着时间的推移，当你不再被强迫逛街和购物时，将体验到一种难以言喻的解脱感。

借助同伴的力量

当你确实觉得某些东西非买不可时,邀请一位了解你购物习惯的朋友同行。最好选择一位能够了解你购买欲望并愿意帮助你改变购买习惯的朋友。在购物的过程中,让你的朋友随时提醒你注意购买行为,确保你只购买真正需要的物品。但请注意,选择正确的朋友至关重要。你们应该互相监督彼此的购买行为,共同避免购买不必要的物品。

培养批判性眼光看待广告

对于购物狂来说,学会以挑剔和偏激的眼光看待广告是一种至关重要的训练。当这种训练在日常生活中逐渐淡化时,你必须重新开始,坚定地对广告持有一种理性的态度。否则,你将再次陷入广告商的陷阱之中。通过培养对广告的批判性认识,你将能够更好地识别和控制自己的购买欲望。

第二章

我们仍在迷茫,是因为没有补上思维漏洞

没钱一样可以很快乐？谁说的

 创富实话

　　金钱或许不是万能的，但在关键时刻，它能成为我们手中的救命稻草。

《人性的枷锁》中说："人追求的当然不是财富，但必须要有足以维持尊严的生活，使自己能够不受阻挠地工作，能够慷慨，能够爽朗，能够独立。"

生活中的许多痛苦，往往源于经济的拮据。当一个人陷入贫困时，生活的艰难便会与日俱增。缺乏金钱，很容易让人丧失尊严。

尽管我们有时会觉得谈论金钱显得庸俗，但不得不承认，金钱在一定程度上赋予了我们生活的尊严。

苏秦未发迹之前，饱受世间冷眼。

据传，在某次苏秦父亲的生日宴上，他的哥哥端上一杯美酒

第二章
我们仍在迷茫，是因为没有补上思维漏洞

祝寿，父亲欣喜地称赞："这真是美酒，甘甜可口！"而当苏秦敬酒时，却遭到了父亲的责骂："这是什么酒，酸溜溜的，都变味了！"

苏秦无奈，只好从哥哥那里借了一杯酒再次敬上，然而父亲仍然怒斥："酸酒！"苏秦辩解道："父亲，这酒是从哥哥那里借来的啊！"苏父却冷嘲热讽："你这个倒霉鬼，再好的东西经过你的手都会变坏！"这可是来自亲生父亲的嘲讽啊！

早年，苏秦与张仪一同前往山东蒙阴的"云蒙山"，师从鬼谷子学习纵横之术。苏秦初次出游演讲时，并未得到任何诸侯的响应。当他落魄归乡时，已是身无分文，衣衫褴褛，一副穷困潦倒的模样。

他的妻子见到他，头不抬，眼也不看，他的嫂子根本不可能为他备饭，父母更是对他不理不睬。因为他衣衫破旧，甚至连家里的狗都对他狂吠不止。

而苏秦发迹以后呢？我们知道，有一个成语叫"前倨后恭"。

生活总会以其最残酷却又最真实的方式给人深刻的教训，告诉我们钱究竟有多么重要。努力赚钱，不仅关乎钱财与尊严，更是个人成长的催化剂。在追求财富的过程中，你的成长将更为迅速、有力。每一分努力，都让你在成长的道路上更进一步，铸造出一个更出色的自己。

身为成年人，我们的每一个选择都承载着更深远的意义。

我们的决策不仅影响自己,更牵动着家人的未来。为了他们的安稳与幸福,我们需早日洞察现实的残酷,从而做出更为明智的抉择。

想象一下,若我们在青春年华中碌碌无为,待到中年甚至晚年时才幡然醒悟,那岂不是追悔莫及?人生的残酷在于,它不会给我们重来的机会。每一个错过的瞬间,都将成为永恒的遗憾。

 财富进阶

如果我们此时仍然困顿于贫穷,那么该如何改变贫穷的面貌呢?

不认命,就不会穷一辈子

其实,贫穷并不可怕,真正让人害怕的是那种贫穷的心态——就是觉得自己注定一辈子都翻不了身,只能永远活在自己的世界里。这种想法才是人生最大的误区!所以,别一边饱受贫穷之苦,一边又懒得改变现状。你应该时刻提醒自己:"我要变富有!我值得过更好的生活!"然后,脚踏实地地追求那些你能够达到的目标。只有这样,你才能真正摆脱贫穷的束缚。

第二章
我们仍在迷茫，是因为没有补上思维漏洞

把追求财富当成一辈子要做的事情

坚定追求财富的决心，并确立一个切实可行的目标，避免依赖偶然因素。我们要进行自我反思：我目前离财富还有多远？我期望成为哪类精英人士？随后，列出一些你所敬仰的成功人士，他们会在你的财富之路上给你一些激励与启示。

深耕适合你个人发展的领域

识别并专注于适合你个人发展的领域，致力于成为该领域的佼佼者。对自己的奋斗目标进行深入研究，这将有助于你在追求成功的过程中更加游刃有余。

同时，持续学习并提升自身专业素养。知识是无穷的，学习是永无止境的。只有不断充实自己，广泛阅读各类书籍，掌握更多的专业知识，你才能在创业的道路上不断壮大，提高抵御各种风险的能力。

哪有富贵在天,不过事在人为

 创富实话

很多人无法创富,是受困于自身的心理高度。他们认为自己的身份只配赚辛苦钱,所以始终与财富自由无缘。

科学家们曾精心设计了一项颇具深意的实验:他们将跳蚤放在桌面上,每当轻敲桌面,这些微小的生物就会以惊人的速度弹跃而起,其跳跃的高度竟可达到它们体型的百倍。但是,当科学家在跳蚤的上方加盖一层玻璃罩之后,情况便出现了显著的变化。虽然跳蚤仍旧保持着跳跃的本能,但它们会不断地触碰到玻璃罩的顶部,时间的推移见证了跳蚤行为的转变,它们逐渐调整了自己的跳跃高度,以适应这一新环境的制约,每次跳跃都小心翼翼地维持在罩顶以下的高度。

随后,科研人员开始有系统地降低玻璃罩的高度。每次跳

第二章
我们仍在迷茫，是因为没有补上思维漏洞

蚤触碰到罩顶之后，它们都会被动地重新校准自己的跳跃高度。直到最后，当玻璃罩的高度被降低到几乎贴近桌面时，跳蚤们几乎已经丧失了跳跃的能力。当科研人员最终移除玻璃罩并再次轻敲桌面时，这些跳蚤已经不会跳了。

成功与失败在很大程度上与我们的思想力量息息相关。有钱人之所以有钱，是因为他们对自己充满信心，坚信自己一定能够攫取财富。多数人往往陷入了一种自我设限的思维模式，他们对自己缺乏信心，对未来随遇而安。

这不禁让人想起了那个口口相传的故事。

记者向一位陕北的牧羊少年询问："你为什么选择放羊为生？"

少年坦然回应："为了谋生，为了挣钱。"

记者进一步追问："那挣到了钱，你又打算做什么呢？"

少年眼中闪过一丝期待："有了钱，我就能娶妻成家。"

"那成了家之后呢？"记者继续问道。

少年笑了笑："当然是要生儿育女，繁衍后代。"

"那孩子们的未来，你是如何规划的？"记者不依不饶。

少年想了想，自豪地回答："我希望他们也能像我一样，继续放羊。"

这难道只是一个故事吗？

如果你陷入了一种固定的思维模式，缺乏摆脱现状的动力，

甚至满足于当前的状态,那么,你将无法摆脱这种循环的束缚。

当你回首自己碌碌无为的过往,你会惊觉:在扬帆起航之前,我们的内心早已被无数的"不可能"所占据。许多失败并非源于我们"不能",而是因为我们"不敢"。这种恐惧和犹豫,为我们设置了想象中的重重障碍。

 财富进阶

当然,为自己设定一个高层次的目标无疑是积极的,但我们也不能被不切实际的想法所误导。目标的设定必须基于实际可行性,以确保我们能够逐步实现财富自由。在这个过程中,我们需要关注以下几个关键方面。

目标设定需要合理

过高的目标往往容易导致挫败感,因此我们应该根据自身实际情况,量身定制一个既具挑战性又可实现的目标。量力而行,避免盲目追求利益,这样才能让我们的人生更加稳健和充实。

计划执行至关重要

仅仅设定目标和制订计划是不够的,我们必须付诸实践,

第二章
我们仍在迷茫，是因为没有补上思维漏洞

通过实际行动逐步实现目标。一打纲领都不如一个实际的行动，只有切实执行计划，我们才能逐步迈向财富自由。

此外，我们需要保持谨慎乐观的态度。勇气是可嘉的，但我们不能将勇气与鲁莽混为一谈。在追求目标的过程中，我们应该对失败保持敬畏之心，谨慎分析风险，并制定相应的应对策略。

不能忽视竞争者的存在

无论竞争者的规模大小，他们都有可能对我们的发展构成威胁。因此，我们需要认真评估竞争者的实力和优势，以便及时调整自己的战略和计划。忽视竞争者只会让我们在未来的竞争中处于不利地位。

要正确看待金钱的作用

虽然金钱在实现目标的过程中发挥着重要作用，但我们不能过分迷信金钱的威力。只有坚定的理想和信念才能解决问题，金钱只是促使我们实现目标的一种手段而已。

跨越圈层,你得"跳"起来

创富实话

很多时候,平庸不是与生俱来的安排,而是个人的选择和行为的结果。

决定一个人实现财富自由的因素错综复杂,其中包括家庭背景、运气、人脉资源等多元要素。然而,在这众多因素中,有一个至关重要的因素不容忽视,那便是风险承受能力。

通过观察身边的亲朋好友,我们不难发现一个现象:那些到了三十多岁仍然身处困境、经济状况拮据的人,往往都是只想着随遇而安、得过且过,或者不劳而获、空手套白狼,却从不愿意承担任何风险的人。他们所缺乏的冒险精神,以及对未知事物深刻的恐惧,导致他们的生活始终无法取得有格局的突破。

那么,为什么许多人明明深知打工的收入有限,当家人出现一点麻烦或问题时,极容易陷入财务危机,却依然选择得过

第二章

我们仍在迷茫，是因为没有补上思维漏洞

且过地过一生，而不敢迈出追求财富的一步呢？很明显，正是对于风险的恐惧和规避，使他们宁愿固守着那种日复一日的稳定收入，哪怕这份收入微薄得只能勉强维持生计。对于他们而言，不确定性和潜在损失是无法承受的。

当然，谨慎是一种值得尊重的品质，然而，过度谨慎却可能让我们步履维艰、畏首畏尾，甚至失去迎接挑战的勇气，从而错失那些能够改变命运的宝贵机遇。我们绝不推崇那种鲁莽的、赌徒式的冒险行为，但是也必须认识到，任何机遇都伴随着一定的风险。若因惧怕风险而一味回避，那便如同因一次呛食便永远放弃进食一般，显然是因小失大、得不偿失的。

苹果公司早已稳固其业内巨擘的地位，人们往往仅将已故的乔布斯先生视为这家传奇企业的唯一创始人。然而，历史的尘埃背后，隐藏着一段鲜为人知的往事。

四十余年前，乔布斯并非孤胆英雄，而是与两位志同道合的朋友共同披荆斩棘。其中一位名为惠恩的伙伴，后来则被美国人称为"最没眼光的合伙人"。

惠恩与乔布斯自幼便为邻里，两人对电脑的热爱如出一辙。随着时间的流转，这份热爱演变为共同的创业梦想。他们携手另一位朋友，投身微型电脑的制造与销售领域。这项事业既富有创新，又充满商机。

在创业初期，资金匮乏是他们面临的一大难题。来自普通

创富实话

家庭的他们并无丰厚资本,只得四处求援,向友人筹措资金。在这个过程中,惠恩所筹得的款项仅占三人总筹款的 1/10。尽管如此,苹果电脑公司成立后,他仍成为公司的小股东,持有 1/10 的股份。

"苹果一号"一经推出,便受到市场的热烈追捧,销售额迅速攀升至近 10 万美元。扣除成本及债务后,他们获得了可观的利润。对于惠恩而言,这本是一次难得的回报机会。然而,他却做出了出人意料的决定:他并未领取应得的分红,仅象征性地收取了 500 美元作为报酬,甚至毅然放弃自己所持有的股份,选择离开苹果公司。

当然,惠恩并未预见到苹果电脑日后会崛起为科技界的巨擘。否则,只要他当年继续稳拥 1/10 的股权,如今他的身家也足以跻身 10 亿美元俱乐部了。

那么,为何惠恩当年会自动放弃这一切呢?原来,他对乔布斯心怀忧虑。乔布斯野心勃勃,惠恩却担心他过于急功近利,可能会让公司背负沉重的债务负担,最终波及自己。因此,权衡利弊之后,惠恩选择抽身离去。

这世界上有一种人,他们如同蜗牛,总是蜷缩在自己的壳中,生怕外界的任何风吹草动会伤害到他们,甚至连树叶轻轻落下都唯恐避之不及。然而,这种过度谨慎实际上将他们禁锢在了一种无形的牢笼中,使他们无法挣脱束缚,去探索更广阔

第二章
我们仍在迷茫，是因为没有补上思维漏洞

的世界。

这种心态导致了一种恶性循环：因为害怕冒险，他们错失了无数可能改变命运的机会；机会的缺失又使他们更加坚信自己的选择是正确的，即留在舒适区内才是最安全的。然而，他们没有意识到的是，这个所谓的"舒适区"其实正是束缚他们手脚、限制他们视野的囚笼。

 财富进阶

西方有句谚语说："不敢冒险，就是最大的风险。"许多人的困厄并非因为他们缺乏能力或经验，常常是因为他们缺乏尝试的勇气。为了避免困于这种恶性循环，我们需要对自己采取一些积极的措施。

要有敢于尝试的魄力

不要让舒适区限制你的发展，要敢于尝试新的事物和追求更高的目标。只有通过尝试，我们才能发现新的机会，同时挖掘出自身的潜力。当然，这种尝试并不是盲目的冲动，而是基于理性分析和充分准备后做出的合理决策。

创富实话

要制订明确可行的计划

一个清晰的、明确的、可行性强的计划,可以帮助我们更好地应对挑战和变化,确保我们始终朝着目标前进。在制订计划时,我们需要充分考虑各种因素,包括自身的条件、外部环境的变化以及可能面临的风险等。

要不断提升自己的认知能力

深入了解自己的内心和潜能,以及所处的环境和机遇,是你发掘自身优势,并将其发挥到极致的关键。比如:

积极拓宽自身的知识领域与人际网络,不断开阔视野。如通过多元的视角去审视和思考问题,探索自身思维的局限性,从中汲取更深层次的启发。

勇于面对复杂挑战,当遭遇困难时,学会挖掘问题的潜在价值,灵活运用策略性思维去调整解决方案。例如,将"问题为何持续存在"的质疑转变为"尝试以新方法解决问题"的探索精神,这种开放且积极的思维转变,将为你铺就通往目标的新道路。

持续进行自我反思与重新定位,为自己设定新的目标与要求,并付诸实践。全面审视自身的优点与不足,及时发现并转

> 第二章
> 我们仍在迷茫，是因为没有补上思维漏洞

化潜在的成长点，你将不断在自我更新的过程中蜕变。

倾听并汲取他人的建议，这些建议可能来自家人、朋友、同事或陌生人。交流与收集不同角度的反馈，有选择地吸收有助于个人成长的观点，从而更全面地提升自我认知。

精心规划自己人生的每个阶段，并记录关键事件。投入时间思考并时常回顾自己的成长轨迹，从中提炼总结经验教训，感受生活的变化与启迪。

为什么遭遇职业危机？因为一直固守荒地

 创富实话

转型是愁肠百结的毒药，同时也是一种豁然开朗的解药。

在知乎的搜索框中输入"职业转型"这一关键词，总会涌现出大量相关的询问：

对于零经验的人，如何才能成功实现职业转型？

你们有哪些成功或失败的职业转型案例可以分享？

完成职业转型后，你是否感到过后悔？

35岁是否还适合职业转型？

我们去看回答，很多人会规劝提问者"不要试图用自己的业余爱好去挑战他人的专业领域"，更"不应在承担家庭责任的年纪，因一时冲动而冒险涉足不熟悉的行业"。

"转型？这并不是一场轻松的旅程。在你尚未看到转型的曙

第二章
我们仍在迷茫，是因为没有补上思维漏洞

光之时，各种困难和挑战可能已让你疲于应对，转型的进程随时可能戛然而止。一旦转型未能如愿，你将面临严重的后果，这种后果往往沉重到让人难以承受。"

"你们对转型抱有过于理想化的想象。一旦身临其境，就会发现现实并非如此。转型过程中充满琐碎和复杂的问题，这些问题足以让人焦头烂额。更为关键的是，一旦转型失败，后果可能是残酷的，甚至是血淋淋的。"

似乎，也不完全是危言耸听。

的确，转型意味着必须放弃过去的知识和技能积累，踏入一个全新的领域，从头开始建立自己的专业地位。在这个过程中，转型者不仅需要投入比他人更多的时间和精力来适应新的环境和挑战，还需要承受来自亲朋好友的质疑和压力，仿佛自己在与整个世界为敌。

然而，如果我们拒绝职业转型，又将会面临怎样的境况呢？想象一下：

长期在职场中原地踏步，人到中年后突然发现自己并无太多过人之处，与年轻一代的竞争力不相上下。这种境况下，我们很容易被职场优化，陷入失业的困境。即便重新寻找工作，也可能发现满意的机会寥寥无几。最终，在生活的压力下，我们或许不得不妥协，接受一份替代性极强的工作，拿着微薄的薪水勉强维持生计。

创富实话

更糟糕的是,如果在中年危机到来之前未能及时规划职业转型,当多重压力如潮水般涌来——父母衰老多病、孩子的成长需求、婚姻的维系难题以及职场上的种种挑战——我们的精力很可能会被消耗殆尽,却依然无法妥善解决问题。在这种情况下,我们可能会在家庭和职场中陷入无尽的挣扎,耐心和信心都将受到严重考验。

最令人痛心的是,当父母、孩子和伴侣都需要我们的时候,我们却可能因为金钱和时间的匮乏而无能为力。这种挫败感和无力感将会让我们备受煎熬。

 财富进阶

在职场的世界里,有这样一句话如幽灵般徘徊:"转型,既是毒药,也是解药。"然而,最终是被扼杀还是被拯救,却完全取决于我们自身的想法和选择。

既然我们都深知 40 岁的中年危机如悬在头顶的达摩克利斯之剑,那么为何不在 30 岁的黄金时期就开始筹谋职业规划呢?无论是选择横向的转岗、纵向的晋升,还是勇敢地跨行业转型,抑或是深入学习那些新兴而璀璨的技能,我们都可以利用这宝贵的 10 年时间,将自己的专业能力和核心竞争力磨砺得更加锋利,精心布局,稳步前行。

给诸位几点建议。

第二章
我们仍在迷茫，是因为没有补上思维漏洞

转型要趁早

当你开始认真考虑职业转型时，务必牢记一点：趁早行动。这是因为在某一领域积累的经验越多，转型所需的沉没成本就越大，你的决心和勇气也可能会逐渐减弱。

转型并非仅凭兴趣

我们常常认为，从事自己喜欢和感兴趣的工作是最理想的状态。确实，很多人选择转型是出于对当前行业的不满，以及对其他领域的浓厚兴趣。然而，我们必须认识到，对工作的不热爱或不感兴趣可能只是表面现象，更深层次的原因可能是我们在当前领域尚未取得足够的成就。

事实上，兴趣往往是在长时间的接触和深入了解中逐渐培养的。当我们在某件事情上取得进步并获得回报时，成就感会激发我们的兴趣，进而形成良性循环。

所以说，转型并不能仅凭兴趣，关键是要衡量你所选择的领域有没有成长性。

创富实话

选择高技术含量的领域进行转型

职业转型有多种形式,但并非所有转型都值得推荐。例如,从当前的高强度工作转向餐厅服务员或外卖员等低技术含量的职位,虽然可能暂时缓解了工作压力,但长远来看并不利于职业发展。这些职位的门槛较低,竞争激烈,难以获得高回报和未来潜力。

相反,选择高技术含量领域进行转型更具优势。高技术含量意味着稀缺性和高附加值,能够为你带来更高的回报和更广阔的职业发展空间。当然,这也需要你在新领域具备相应的技能和知识储备,因此学习和提升自我至关重要。

第二章
我们仍在迷茫，是因为没有补上思维漏洞

贫困与败落，常是习惯平庸基因惹的祸

 创富实话

要想摆脱平庸，你就必须实现逆基因生长。

为什么生活窘迫，而改变却很难呢？

因为改变往往意味着要走出舒适区，新的尝试可能带来风险。人的天性往往倾向于保守，因为害怕失去仅有的资源，所以更倾向于维持现状，即使现状并不理想。

为什么小心翼翼，我们还是经常重蹈覆辙呢？

因为我们在面对问题时往往受到过去的经验和环境的影响，形成了某种固定的思维模式和行为模式。这些模式在某些情况下可能曾经帮助过我们，但在不断变化的环境中，却可能成为我们走向卓越的阻碍。

为什么即使困于贫穷，那么多人依然喜欢待在舒适区？

因为舒适区意味着安全和稳定。然而，待在舒适区也意味

创富实话

着我们可能错过了成长和进步的机会,这也是我们走向卓越所必须克服的。

为什么明明不同凡响,我们却选择视而不见呢?

因为我们的大脑在处理信息时,为了节省能量和提高效率,往往会将熟悉的事物归类为"安全"的,而对陌生的事物会保持警惕。然而,这种习以为常的态度可能使我们失去对新机会的敏感性和判断力。

那么综上所述,到底是什么阻碍了我们攫取财富?显然,阻碍我们攫取财富的是我们思维上的本能。

人类的大脑构造中,小脑占据神经元的大部分,而负责高级认知功能的皮层区域仅占一小部分,这决定了我们的行为往往更多地受到原始本能的驱使,而非经过深思熟虑的理性决策。

"本能"是我们基因中的硬连接,它在生物进化的漫长历程中,对我们的生存起到了至关重要的作用。然而,这种源自本能的反应模式,却时常成为我们追求财富道路上隐形的绊脚石。

为了更好地印证这一点,让我们来看一个引人深思的实例。某知名公司在寻找两位具有创意的人才时,遇到了一个棘手的问题:在众多的应聘者中,有四位候选人表现尤为出色,他们的学术背景和专业经验均无可挑剔。为了做出最终的选择,公司老板决定与这四人共进晚餐,通过面对面的交流来深入了解他们的思维方式。

第二章

我们仍在迷茫，是因为没有补上思维漏洞

在餐桌上，一个简单的细节却成为决定性的转折点。当服务员端上香气四溢的牛排时，其中两位候选人毫不犹豫地先撒上了盐，然后才开始品尝。另外两位则先轻尝一口，再根据口味决定是否需要添加盐分。正是这个看似微不足道的动作，让老板当场下了决定。

那么，在你看来，老板应该选择哪两位呢？

答案是，后者被选中。老板后来解释了他的选人标准：在未经尝试之前，就主观断定结果，这种思维模式在复杂的商业环境中可能会带来重大误判。即使你过去的经验告诉你，十次中有八次牛排都需要额外调味，但面对每一次新的尝试都应该有独立判断的空间。他需要的是那些勇于突破惯性思维，能在变幻莫测中寻找机会的创新者，而非仅凭过往经验行事，对新事物缺乏敏感度的执行者。

那些先撒盐的人，他们的行为显然更多地受到了本能的束缚，缺乏对新情况的探索和思考。

尽管本能赋予我们凭借微弱线索即能察觉潜在威胁的能力，但在探寻自我与事物内核的征途上，它往往显得捉襟见肘。为了更透彻地洞悉自我与世界的本质，我们必须学会挣脱本能的桎梏，摒弃惯性思维的束缚，转而以更加理性、客观的眼光去剖析问题的核心。这一过程不仅是对认知能力的提升，更是对思维深度的锤炼，它要求我们在纷繁复杂的表象之下，探寻事

创富实话

物的内在逻辑与规律，从而做出更为明智的决策。

 财富进阶

蝎子与青蛙同行，欲借其力渡河。青蛙疑虑重重，恐蝎之毒；蝎则誓言，共渡则共生，自不会相害。然河中，蝎终未能抑制本能，刺青蛙，同赴黄泉。

临终，蝎悔恨不已：对不起，我终究未能控制自己。

生活中，我们往往如同那只蝎子，对自己的天性束手无策，只能任其摆布。我们随心所欲，任性而行，却未曾意识到，自己正被生存的惯性所牵引，甚至很多人被牵向了泥泞不堪的深渊。

真正的高级生命，应当学会对抗自己的天性，我们唯有超越本能的束缚，才能真正掌握自由与命运。

反生存本能

观察身边成就不错的人物，不难发现他们有共同的特点——对自我要求极为严苛。身材出众者，自律程度令人敬畏；高效能人士，执行任务毫不留情；冷静沉着者，情绪控制几近完美。相比之下，大多数普通人则更倾向于追求舒适与享乐。

管理专家刘船洋指出："要想取得成功，就必须克服人性的

第二章 我们仍在迷茫，是因为没有补上思维漏洞

弱点。"

在复杂多变的社会环境中，我们更需要对抗那些群体性的本能反应，实现更高层次的自我进化。要做到这一点，我们需要激活"理智脑"，保持清醒、开放和谦逊的态度。不固执己见，不自以为是，不人云亦云。

反惯性本能

生活中还有这样一群人，他们仿佛被编程的机器，无意识地重复着日常活动：本能地陷入睡眠、觉醒、劳作、进食的循环，甚至本能地滑动着手机屏幕，机械地点赞……他们的生活其实并非受理性指引，而是被原始动物的本能所驱动。

显然，这样的状态并不能给我们的生活带来多大益处。想实现财富的跨越式增长，我们必须挣脱惯性的枷锁，唤醒内心深处对成长的渴望以及对探索的热情。每一天，我们都应该积极学习新知识，尝试探索未知领域，尽力打破固有的思维框架。只有这样，我们的每一天才能充满挑战与收获，才能真正实现生命的价值。

反偏见本能

不知道你有没有听说过这个概念——信念固执。

创富实话

我们对待人与事的看法常常趋于固化,甚至在明显偏颇的情况下,也会不遗余力地寻找证据以自我证实,强行证明自己是对的。这种固化的信念不仅使我们的视野变得狭窄,更让思维陷入停滞,从而无法摆脱自我设限的思维牢笼。

很多时候,阻碍我们探寻真理的并非外在的虚幻假象,也非我们推理能力的不足,而是那些根深蒂固的偏见。这些偏见,就像我们脑海中的一座座高墙,阻挡了我们对世界的真实认知。

然而,偏见虽看似坚不可摧,却也并非无懈可击。要走出思维的泥潭,我们可以采取以下四种策略:

(1)加深对人的了解;(2)广泛学习以拓宽视野;(3)调整看待问题的角度;(4)锤炼思维的深度。

这四种方法并非孤立存在,而是相辅相成,共同助力我们打破偏见的桎梏。随着我们智慧的累积,那些曾束缚我们的偏见将被逐一瓦解。

反从众本能的《乌合之众》一书深刻剖析了群体心理,指出群体往往容易陷入盲目和愚蠢的状态,个体的独立思考和智慧在群体中很容易被湮没。尽管人类社会已经脱离原始群居生活,但我们的从众本能却依然存在。

然而,通过观察我们可以发现,那些真正能够脱颖而出的人,往往都是独立思考者。他们不盲从,不随波逐流,能够抵御情绪的传染,具备辨别是非真伪的能力。他们在行动之前会深思熟虑。正因为思维独立且成熟，所以他们能够牢牢把握生活的主动权。

反情绪本能

在思维进化论的领域，有一个生动而贴切的比喻——"心潮"。它形象地描绘了我们的情绪如何像潮水一般起伏不定，时而静谧得几乎难以察觉，时而又汹涌得让人无法驾驭。往往一句无心的指责，便足以让我们陷入深深的痛苦；一个冒犯的眼神，就足以点燃我们的怒火。

然而，如果任由情绪肆意宣泄，不仅会引发无尽的麻烦，更会对我们的身心健康造成严重的伤害。正如罗振宇所言："我现在的人生里并没有所谓的情绪，只有发生了什么问题，以及如何去解决这些问题。"

那些能够将财富抓在手中的人，早已学会了如何驾驭自己的情绪。

在此，与诸位分享一个管理情绪的秘诀——开启大脑的自清理模式。想象一下，在我们的脑海中有一个神奇的开关，每当强烈的情绪袭来时，我们只需轻轻一按，便能让自己在短暂的几秒内放空一切。这几秒钟的平静与空白，足以让我们的心灵恢复宁静与清明。

> **创富实话**

这个过程就像大脑在进行自我清理一样,它能够帮助我们屏蔽掉那些突如其来的负面情绪。有情绪或许是人的本能反应,但能够控制好自己的情绪,才是一个人真正的本事。只有当我们以平和的心态面对生活时,生活才会以同样的方式回馈我们。

第三章

是什么正在不断掏空你
并不富裕的钱包

奢侈消费陷阱：
"精致穷"到底哪里来的精致

 创富实话

真正的精致是对个人品位和生活品质的合理追求，绝不是对物质表象的盲目崇拜。

在经济学原理中，价格与需求通常呈现出负相关关系，也就是说，价格越低，需求量往往越大。但是在奢侈品市场上，这一规律似乎被颠覆了。在高端消费品领域，我们惊奇地发现，商品售价与销量之间竟然呈现出正比关系。高价格不仅未能抑制消费者的购买欲望，反而更加吸引他们，这无疑为品牌带来更为可观的利润。这种反常现象，实在耐人寻味。

以爱马仕的 Birkin 和 Kelly 包为例，虽然这两款包在专柜的标价是七八万元，但对于初次购买或对店员不熟悉的顾客来说，他们常常会发现心仪的包款"缺货"。实际上，这是爱马仕的一种销售策略，通过制造商品的稀缺性来吸引消费者。如果顾客坚持要购买这些热门款式，通常需要在店内先消费数十万元的其他商品，才能获得购买资格。这种策略旨在筛选出真正有消费能力和品牌忠诚度高的顾客。当顾客在店内的消费累积到一定程度，店员会开始认可其消费实力与品牌理念的一致性，进而将其纳入爱马仕的优先供货名单。正因如此，市面上可以直接购买的Birkin包价格通常远高于专柜标价，这实际上是对商品稀缺性的一种额外支付。

那么，面对这样一个显而易见的消费陷阱，为何消费者还是如此热衷呢？一个普遍的观点认为，在当下社会，很多年轻人的消费观念正趋向于"精致穷"，他们愿意为了追求高品质生活而承担一定的经济支出。在他们看来，购买奢侈品是提升自己社会地位、融入上层社会的一种途径。

不可否认，奢侈品具备了远超其实用价值的附加属性。这些属性往往被商家巧妙地塑造为身份与地位的象征，从而吸引众多有钱人的青睐。对于那些拥有雄厚经济实力的富豪，他们对奢侈品的热衷既在情理之中，也无可厚非。

然而，显而易见的是，仍有相当数量的人，为了追求所谓的"精致生活"，不惜透支未来收入，以购买奢侈品、名牌服饰等方式来满足自身对身份地位的强烈渴望。这种对虚荣的过度追求导致他们对生活产生扭曲的认知，使得他们的人生逐渐陷

创富实话

入空虚与迷茫。

事实上，追求高端精致的生活本身并无过错，关键在于是否具备相应的资本与实力。若仅仅是为了满足虚荣心而盲目消耗自身资源，这种伪精致生活实则毫无意义，而且一定会带来负面后果。

从另一视角来看，即便你凭借奢侈品跻身了本不属于你的社交圈层，那又能带来怎样的实质改变呢？真正的富人之所以财富丰厚，往往源于他们的精明与卓越。他们的社交模式大多基于利益的交换。然而，作为一个普通人，你又能为他们提供何种等价的价值呢？难道仅仅局限于情感层面的交流吗？进一步而言，如果你确实具备持续提供价值的能力，那么奢侈品又何以成为你融入圈层的必要条件呢？因此，依赖奢侈品来融入高端圈层本身就存在逻辑上的悖论。真正具备实力的人，无须借助奢侈品来彰显自己的价值。

在消费主义浪潮的不断冲击下，人们往往容易做出非理性的消费决策。一次冲动购物所带来的瞬间满足感，常常会淹没理智的呼声。奢侈品因而成为人们展示自我、追求社会认同的一种手段，尽管这种行为往往超出他们的实际财务承受能力。

久而久之，这种消费模式逐渐演变成一种难以被打破的恶性循环。每一次购物都能带来短暂的快乐，但快乐过后很快就会被新的欲望替代。他们最后也许会意识到，自己已经陷入一个需要不断消费以维持自尊和社会形象的陷阱之中。然而,周围的声音却仍在不断地告诉他们这一切都是值得的,却没有人揭示出在奢侈品璀璨夺目的光环之下,隐藏着怎样沉重的现实阴影。

 财富进阶

就现阶段我们的财务状况而言,倘若你并没有达到挥金如土且毫发无伤的地步,那么当务之急便是:对抗消费主义的诱惑,理性克制自己的欲望,合理地使自己的消费降级。

做好自我审视

对于这件首饰,我是否有迫切的需求?是否存在其他更为紧要的支出,如房租、生活费用等,需要优先考虑?在购买之后,我是否仍有充裕的资金以应对可能的珠宝购买欲望?若它不幸遗失,我是否会感到深深的不安?若是它稍有损伤,我的心是否会为之所痛?

若你的答案更多地倾向于对奢侈品的宽容与接纳,那么奢侈品于你而言,或许并不会引发过多的焦虑;反之,它可能并不适合你当前的生活层次。

创富实话

以自我适配为原则

不盲目追求高价,而是寻找性价比高的替代品;不购买非必需的物品,避免重复购买,以节约资金、积累财富为生活的安全感来源,追求生活的简约与精致。这里所说的替代品,绝非指高仿产品。因为高仿品同样会给我们带来心理压力——佩戴高仿品是否会被人轻视?若被识破,又该如何应对?这虽然降低了经济成本,但依然保留了奢侈品带来的焦虑感,实际上并未走出消费误区。你可以选择购买小品牌的首饰,它们同样具有独特的美感。

截断透支的途径

尽量关闭让我们透支消费、冲动购物的通道,实行有计划的消费策略。这些举措旨在帮助我们更加清醒地审视自己的消费行为,避免陷入无尽的债务旋涡。

第三章
是什么正在不断掏空你并不富裕的钱包

健康消费陷阱：
养生保健没错，但别花冤枉钱

 创富实话

我们可以而且也应该为自己的健康买单，但不应该为那些利用噱头搜刮我们钱包的人买单。

近几年来，随着社会的不断进步和人们生活水平的提高，全民健康意识逐渐觉醒。越来越多的人开始关注自身的健康状况，并积极寻求养生保健的方法。这种趋势使得养生保健需求成为市场竞争的焦点，吸引了众多商家的目光。

部分商家迅速抓住人们的心理需求，推出大量打着"养生"旗号的食品、物品。这些产品往往被冠以各种健康、营养、天然的标签，让人眼花缭乱。然而，它们真的能够带给你健康吗？

比如说，量子产品是否对人体健康非常有益？

创富实话

近年来,网络购物平台上频繁出现一个科技新名词——"量子科技",并且这些所谓的"量子产品"被赋予了种种超乎寻常的功能描述。

然而,湖南大学信息科学与工程学院副教授廖骎,一位在量子信息领域深耕多年的专家,在接受《长沙晚报》采访时明确指出,市面上大部分标榜为"量子产品"的商品,实际上与真正的量子科技相去甚远。以量子水杯、量子眼镜、量子鞋垫等为例,这些产品的广告宣传往往夸大其词,声称能够增强人体免疫力、活化细胞、缓解疲劳等,但这些说法均缺乏科学根据。

从宏观角度来看,量子科技目前仍处于基础理论研究和实验研究阶段,离我们的日常生活还有一段距离。

又比如:长高奶粉真的能够增高吗?

部分商家精准把握家长对孩子成长的期望,以"增高""助长"等概念为卖点,推出了一系列宣称能促进儿童身高发育的奶粉产品。然而,真相却是——

中国奶业协会原资深理事、广州市奶业协会会长王丁棉在接受《信息时报》专访时郑重指出,虽然当前国家对于儿童奶粉尚未确立统一的标准规范,但在产品推广宣传方面却存在严格的制约和准则。若奶粉厂商在推广资料中贸然使用"助力成长或智力提升""促进身高发展"等表述,此类宣传手段应被视为违规,不被认可,甚至可以说是失当、不合规范的。

再比如，麦饭石锅是否含微量元素？

在市场上备受追捧的麦饭石锅，被冠以"天然麦饭石""具备生物活性的复合矿物与药用岩石"以及"富含微量元素"等诸多光环，甚至被宣传为"不粘锅，少油盐"的健康烹饪神器。然而，首都保健营养美食学会副秘书长王娟在2019年《健康时报》上刊文指出，麦饭石本质上是一种多孔性石材，与人们熟知的玄武岩相似，它们都含有多种微量元素。但遗憾的是，目前尚无科研机构能提供确凿的临床数据来证实麦饭石所宣称的种种功效。

简而言之，市场和网络上热销的麦饭石锅、麦饭石水杯等产品，很大程度上只是商家为了迎合消费者对高品质健康生活的追求而精心策划的营销产物而已。

事实上，一些打着养生保健幌子进行宣传与销售的商品，常常使用夸大其词的功效描述、绝对化语言，同时做出诸如"无效全额退款""绝对无毒无副作用"等虚假承诺，针对我们渴望改善健康状况的急切心理，利用人们对疾病的恐惧和对健康的向往，进行消费诱导。然而，这些商品往往并没有明显的养生保健功能，价格却十分昂贵……

财富进阶

在纷繁复杂的保健商品市场中，消费者需具备高度的警觉

> 创富实话

性和健康素养。在购买商品时，应提升辨识能力，深入了解产品的真实成分与功效，避免受到误导性宣传的干扰。

关注销售场所的资质

选择证照齐全、信誉良好的正规商家购买产品，特别注意核查其是否持有营业执照和食品经营许可证。对于网络、会议、电视、直销及电话等销售渠道，也应事先验证其资质信息，确保购买渠道的可靠性。

仔细检查产品的外包装和说明书

购买保健品时，务必认准正规的保健食品专用标志——蓝帽子。

在我国，保健食品必须经过国家指定的权威检验部门的严格检验，并获得保健食品管理部门核发的保健食品批准证书及相应的保健食品批准文号。消费者在选购时，应仔细查看产品包装上是否标出天蓝色的、形状类似"帽子"的保健食品专用标志。

正规的保健食品在其外包装上必须清晰地标注一系列重要信息，包括产品名称、生产厂家、保健食品的官方批准文号、主要原料成分、功效成分、所声称的保健功能、适宜及不适宜食用的人群、生产日期、保质期以及必要的食用注意事项等。这些信息缺一不可，是确保消费者知情权和安全权的重要内容。

在此基础上，我们在购买保健食品时应牢记"四不"原则。

首先，绝不购买那些缺乏明确生产厂家名称、地址以及生产日期和保质期的产品，这些基本信息的缺失往往意味着产品质量难以保证。

其次，对于那些标签上未标注食品生产许可证号的预包装食品，我们也应避而远之，因为这可能是非法生产或违规销售的信号。

再次，我们要警惕那些标签或说明书中宣称具有预防疾病或治疗功能的产品，因为保健食品并非药品，不能替代正规医疗手段。

最后，对于那些没有保健食品批准文号却自称保健食品的产品，我们同样要保持警惕，以免上当受骗。

辨识广告和宣传内容

秉持对钱包负责的态度，在审视商品与保健食品的广告与宣传内容时，我们应有科学、理性的态度。对于那些声称能治疗疾病、具有迅速见效功能的宣传，我们应谨慎对待，避免盲目购买。特别是当保健食品广告中未明确声明"本品不能代替

> **创富实话**

药物"时，我们更应保持警惕，避免被误导。

此外，我们不应盲目参加任何以产品销售为主要目的的知识讲座或专家报告会，以免受到不实信息的干扰。在消费决策中，我们应保持清醒的头脑，以专业知识和理性判断为依据，确保我们的选择既安全又有效。

第三章
是什么正在不断掏空你并不富裕的钱包

网购消费陷阱："买不起"就要反省自己？什么逻辑

 创富实话

不要以为低价福利完全是为你好，事实上，羊毛只会出在羊身上。

某直播间，一位知名主播正在卖力推销眉笔时，有用户抱怨"眉笔越来越贵"。这位主播突然变得激动起来，出言反驳：

"每支才79元，你还觉得很贵。自己找找原因，这么多年也没涨过工资，你是在努力工作吗？"

嫌你眉笔贵，我就要反省自己？这是什么道理！

实际上，"嫌眉笔贵是你不努力"背后隐藏的商业逻辑，估计是一场你听完会大拍脑门的多方博弈。

从表面现象来看，这一事件似乎源于消费者的情绪反应。然而，深入剖析后我们会发现，事件的本质并非情绪问题，也

> **创富实话**

并非主播对消费者的冒犯，而是主播在面对消费者日益理性的消费需求时，未能采取恰当的应对策略。这种陈旧的应对方式，不仅未能满足消费者的实际需求，反而激化了双方的矛盾，引发了严重的反弹效应。

消费者喊"贵"，也并不是说真的买不起，而是他们的理性消费意识正在觉醒。

事实上，在此之前，众多主播通过话术给消费者营造了一种错觉，即他们能够代表消费者与商家议价，以低价购得商品，从而让消费者感觉像是从商家那里"薅到了羊毛"。然而，我们必须清醒地认识到一个经济学原理：价值决定价格，价格围绕价值上下波动。因此，所谓的低价商品，实际上可能是以其他形式转嫁了成本。

具体来说，头部主播的收入构成复杂，包括高额的坑位费、可观的佣金等。某些头部主播甚至与品牌方存在深度的股权绑定关系。主播的佣金比例越高，他从每笔交易中获得的利润就越大。消费者在享受所谓"实惠"的同时，往往忽视了这背后商家利润的压缩。为了品牌宣传和推广，有些商家甚至愿意给主播支付高达80%以上的佣金，这实际上是一种亏本销售的策略。

商家显然不会长期甘愿承担这种损失。当从消费者端无法获取足够的利润时，他们必然会通过其他方式来转嫁成本，比

第三章
是什么正在不断掏空你并不富裕的钱包

如降低员工薪酬、裁员等。

所以，当你认为79元的眉笔价格过高时，这并非源于你的努力不足，而是你的努力所创造的价值以另一种形式被眉笔销售者所攫取。你的薪资未见增长，并非老板吝啬，而是在大主播掌控流量、不断推高佣金并压榨利润的商业模式下，老板也被迫卷入其中。这正是头部主播精心打造的商业闭环：他们以低价为诱饵吸引消费者，同时对企业进行压榨，剥夺他们的利润。当企业利润受到挤压时，员工的收入自然也会受到影响。

在普通人的收入水平停滞不前的情况下，他们对低价直播间的依赖程度不断加深。这种依赖为主播带来了更多的流量，而流量的增加又进一步加剧了他们对商家的压榨。这种恶性循环迫使企业不得不进行成本转嫁，最终将成本分摊到无数打工人的身上。

那么，是谁赋予主播们这种惊人的力量呢？答案恰恰是我们自己。

随着移动互联网的迅猛进步，"全民上网"现象已经催生了来自多元领域、风格独特的"平民偶像"。与此同时，粉丝群体的构成也从过去以青少年为主，逐步拓展至不同年龄、不同社会阶层的广大受众。在数字经济持续下沉的大背景下，几乎每一位互联网用户都能以不同方式被纳入粉丝经济的版图之中。他们通过直播间消费、打赏支持，以及控制评论区等手段为自己的"偶像"贡献力量,粉丝经济的边界也因此不断得到拓宽。

步入网红时代,粉丝文化的经济效应愈发显著。如今,随着中国直播电商等新型业态的飞速发展,以及各类资本在幕后的积极助推,粉丝们已然汇聚成为一股不容忽视的消费洪流。

偶像们凭借独特的人格魅力和高颜值,轻松俘获大量粉丝的心。在这里,情感和价值观的认同凌驾于理性之上,成为偶像与粉丝之间坚实的纽带。然而,我们不应忽视粉丝非理性行为背后潜藏的风险。当这种非理性被既得利益者利用时,承担后果的更多是我们自己。

 财富进阶

社交媒体在放大粉丝对偶像的"镜像"认知方面发挥了重要作用,它成为网红及其背后利益方强化和巩固双方联系的有力工具。在这样的背景下,我们每个消费者都需要保持清醒的头脑,深刻认识"网红经济"的本质,并警惕被商业操纵的风险。只有这样,我们才能在纷繁复杂的网络世界中保持独立思考和理性消费的能力。

保持科学、理性的消费心态,坚决避免冲动购物

直播带货不仅具有互动性,还融入了社交属性。这些因素

都可能加剧消费者的从众心理，导致做出不理智的消费决策。因此，消费者在购物前务必深思熟虑，不受直播平台煽动性宣传的影响，也不应盲目信任主播而冲动消费。购物决策应基于自身实际需求，以理性消费为原则。

防范直播带货中可能存在的陷阱，避免被诱导消费

一方面，我们需要警惕虚假宣传。虽然出现在我们面前的主播往往是专业、可信的形象，但这并不能完全保证产品质量。直播售假、虚假宣传等现象屡见不鲜，消费者应保持警惕。

另一方面，我们要防范恶意刷单行为。不法商家可能通过外包机构刷单、购买粉丝等手段制造虚假的销售和人气数据，以欺骗消费者下单。

我们还需注意防范场外交易的风险。部分主播可能通过各种方式引导消费者转入其他社交平台交易。此类场外交易在维权时往往面临举证困难、主体认定不清、责任分担不明等问题。

留存好相关凭证，谨防无法维权

在网络购物环境中，为确保自身权益不受损害，消费者需采取一系列严谨措施。鉴于网络信息的易逝性，一旦删除便难以恢复，因此，消费者在直播间网购时，务必及时保存所有原

> 创富实话

始记录。这些记录包括但不限于：产品直播时的宣传广告、商家的承诺内容、与商家的聊天记录、支付凭证以及物流信息等。这些凭证在日后可能出现的纠纷中将起到至关重要的作用。

消费者还应熟知并理解"七天无理由退货"以及"三包"政策的具体适用范围和规则。这些政策是保障消费者权益的重要工具，了解它们将有助于消费者在遇到问题时能够迅速采取行动。

一旦我们发现所购商品存在质量问题或与描述不符，应立即与商家及平台沟通协商。若协商无果，可拨打12345、12315等热线进行投诉，或寻求法律途径以维护自身合法权益。

如若不幸遭遇钓鱼网站或诈骗行为，消费者应保持冷静，第一时间向相关部门报案，并提供所有证据，以便相关部门迅速展开调查并采取措施。

超额教育陷阱：
给孩子买未来，也要坚守边界感

 创富实话

好的教育是灵魂的建设，不是金钱的堆砌。

"别让孩子输在起跑线上！"一句口号给全国家长带来了深深的焦虑。随之而来的，是社会上各类教育机构如雨后春笋般涌现，铺天盖地地占据市场，迎合了家长们迫切的教育需求。

这些教育机构在满足多元化教育需求方面确实功不可没，但其中也不乏一些缺乏规范性的机构。它们通过精心营造的教育氛围，让许多家长感到眼花缭乱，无所适从。在"望子成龙"的急切心态驱使下，家长们纷纷为孩子报名参加各种课程，其中不乏盲目跟风、不适合孩子个性发展的选择。这无疑占用了孩子们宝贵的成长时间。

此外，音乐、绘画、舞蹈、武术等特长教育机构也是琳琅

> 创富实话

满目，应有尽有。这既为一些学生提供了展示自我、发展兴趣的平台，也让一些家长在选择上感到迷茫和困惑。

家长们紧跟焦虑的步伐，将孩子的时间安排得满满当当，不给他们留一丝喘息的机会。即便家庭经济条件并不宽裕，为了孩子的学习成绩，家长们也愿意倾尽所有财力和精力。然而，这样的投入是否真的必要，却鲜有家长能够冷静思考。

诚然，超额教育或许能给孩子带来一定的好处，但如果以牺牲孩子的休息和娱乐时间为代价，那么，这样的教育不仅无法在学业上给孩子带来实质性的帮助，反而可能对孩子的心理和性格造成诸多负面影响。

首先，超额教育容易让孩子产生厌学情绪。教育界普遍认为，在幼年阶段接受过严苛教育的孩子，在进入正式学习阶段后，并不会像家长原本期望的那样在学业上一帆风顺，在成绩上出类拔萃。相反，这些孩子往往会在课程学习中面临更多的情绪困扰和心理障碍，甚至可能产生远超同龄孩子的厌学情绪。

其次，超额教育可能影响孩子的心理健康。如果孩子们从小就被束缚在书房和各种各样的"训练班"中，那么他们的心理、性格和习惯培养无疑会受到不良影响。事实上，很多接受过超额教育的孩子性格变得敏感、孤僻，与他们在童年时期缺乏游戏和娱乐的经历密不可分。

再次，超额教育会造成亲子关系紧张。当家长过度要求孩子学习各种技能，而忽视孩子的兴趣和意愿时，孩子可能会滋生叛逆心理，与父母之间的摩擦和矛盾也会逐渐增多。若这些矛盾得不到及时化解，亲子关系可能会变得紧张，甚至引发激烈的冲突。

最后，超额教育还会对家庭经济造成沉重负担。众所周知，每个家庭在孩子教育上的投入都是巨大的，这不仅包括经济上的支出，还包括家长在时间和精力上的付出。为了接送孩子或陪读，家长们常常需要牺牲自己的休息和工作时间，这种长期的精力和财力消耗会让家庭不堪重负。

财富进阶

在教育这场角逐中，我们或许应当更多地着眼于孩子的个性塑造与心理健康，而非仅仅追求学业成绩和才艺特长的提升。让教育回归其初衷，成为滋养孩子成长的沃土，而非束缚他们飞翔的枷锁。

是否应该成为全职妈妈或全职爸爸，这是一个值得深思的问题。放弃一份优质的工作，全身心地倾注于孩子身上，然而结果却未必如人所愿。这种全职的付出，在增加家庭经济负担的同时，有时或许也会给孩子带来更多的心理负担，未必是他们渴求的陪伴。

应该注重自我的成长与提升

相比之下,更为明智的选择或许是,在关爱孩子的同时,也注重自我的成长与提升。将精力投放于个人事业之中,当我们在事业上取得足够的成就时,即便孩子的成绩在努力之后依然不突出,我们也能保持更为从容的心态,为他们提供更为优质的未来。当然,在孩子取得优异成绩时,我们更是会感受到额外的满足与欣慰。

什么家庭条件就用什么方式教养孩子

过度地用物质喂养孩子,就像在无尽的深渊旁不断投食。当物质被一一吞噬,孩子或许会转而向父母伸出贪婪之手。网络上就有这样的故事,一位父亲像是一根默默燃烧的蜡烛,为女儿照亮了物质的道路。

他倾尽所有,只为女儿能在物质的世界里得到满足。家里的积蓄被一一掏出,只为供女儿出国留学;月薪一万三,却慷慨地给予女儿每月一万一的生活费,自己却甘愿守着馒头和咸菜度日。然而,这样的付出并没有换来女儿的感恩和理解,反而助长了她的欲望和任性。

当父亲善意地提醒女儿要节约时,她却公然在网络上对这

第三章
是什么正在不断掏空你并不富裕的钱包

位疼爱她二十多年的父亲发起了攻击。她的话语冷酷而无情："老家伙，养不起本仙女当年就别生啊……"这句话像一把锐利的刀，深深刺入了父亲的心。

这个故事让我们明白，过度地满足孩子的物质需求，甚至牺牲自己的幸福和尊严，并不是对孩子真正的爱。相反，这可能会让孩子的欲望无限膨胀，甚至失去对亲情的尊重和珍视。真正的富养应该是精神上的富足和成长，让孩子在爱和关怀中学会感恩，学会独立，学会面对生活的风风雨雨。

盲目投资陷阱：
不懂安全边际，容易血本无归

 创富实话

　　不切实际的收益承诺，往往蕴含巨大风险，你想要人家的利息，而人家却盯着你的本金。

　　在这个信息爆炸的时代，网络上充斥着各种看似诱人的赚钱秘诀和快速致富的捷径。这些平台，以"炒股大师""理财专家"等华丽名头自居，声称掌握了投资中不为人知的窍门，承诺能够引领你走向财富自由。然而，当欲望与对未知的渴望交织在一起，这些诱人的承诺就会变成一张张精心编织的网，等待着那些急于求成、缺乏判断力的投资者自投罗网。

　　我们必须认识到，投资不是储蓄，没有所谓的"稳赚不赔"的买卖。这些平台利用的就是人们对快速致富的渴望和对市场运作的无知，通过操纵信息和心理诱导，一步步将人们引向

第三章
是什么正在不断掏空你并不富裕的钱包

深渊。

譬如说：唯利是图，漠视责任。

某些金融机构或销售人员，为达成销售目标，罔顾投资者的风险承担能力，强行推销风险较高或不适宜的产品。这种行为严重违背对客户负责的原则，仅看重自身利益，而忽视作为金融机构应尽的义务和责任。

又比如，利用信息不对称误导投资者。

在投资决策的复杂过程中，投资者必须洞察市场的供需动态、价格变动以及产品潜在的风险。然而，某些机构或个体可能有意掩盖或曲解真实信息，致使投资者在缺乏全面认知的情况下做出错误的判断。

这些问题背后暴露出的，不仅是投资领域的波诡云谲，更是人性中贪心、盲目和从众等弱点的放大。每一个投资者都应该深刻反思：在追求财富的道路上，我们是否足够理性？是否真正了解自己所投资的产品和市场？是否做好了充分的风险评估和准备？

投资市场向来如此，基金公司总能坐收渔利。只要有投资者入场，他们便能稳稳地赚取手续费和管理费，投资亏损的风险却只能由投资者自己承担。

投资者在这场博弈中往往心力交瘁，补仓操作频频失利，长期亏损使得他们的心态崩溃。即便是由知名基金经理管理的

> 创富实话

知名基金，也难以扭转颓势。这并非他们能力不济，而是市场变幻莫测，风险无处不在。

那些渴望迅速致富却忽视风险的投资者，最终往往成为被"割韭菜"的对象。需要特别警惕的是，众多投资平台会不遗余力地鼓动投资者购买股票。然而，这种投资方式要求投资者具备较高的风险承受能力和专业知识。如果平台提供股票投资建议，投资者务必审慎对待，切勿被短期波动所迷惑，以免蒙受不必要的损失。要时刻牢记，这些平台可能只是觊觎你的佣金。

投资理财虽然是一种有效的资产保值、增值手段，但绝非是一夜暴富的捷径。收益的产生有赖于本金的投入和收益率的合理配置。即便巴菲特、索罗斯和彼得·林奇这样的投资巨匠，他们的长期年化收益率也不过 30% 左右。因此，普通人在理财时务必谨慎行事。

📈 财富进阶

在价值投资中，安全边际与成长性是两大基石。若投资者能精准把握安全边际，即便短期内遭遇波折，长期来看也能够尽量避免亏损。

那么，究竟何谓安全边际？

第三章
是什么正在不断掏空你并不富裕的钱包

安全边际的概念理解

简而言之，它是投资商品的"安全线"。这一概念由证券投资领域的泰斗本杰明·格雷厄姆首次提出，并在价值投资理论中占据了举足轻重的地位。安全边际的实质，在于投资商品内在价值与市场价格之间的差额。换言之，它衡量了投资商品价值被低估的程度。

格雷厄姆坚信，只有当买入价格远低于内在价值时，投资才称得上是安全的。理想的买入点应确保，即便市场不涨，投资者也不会蒙受损失。他将这种买入价格与价值之间的有利偏差称为安全边际。这一原则的核心在于，保障资本安全，避免亏损。同时，安全边际的大小与投资获利空间成正比，往往边际越大，获利潜力越高。

然而，值得注意的是，安全边际并非绝对的"免亏金牌"。它不能保证投资者完全规避损失，但却能显著提升获利的机会，使投资者在市场中占据更有利的位置。因此，在价值投资的道路上，深刻理解并巧妙运用安全边际的概念，将是投资者制胜的关键所在。

创富实话

安全边际的实际操作讲解

具体来说，在什么情况下，投资产品才能达到安全边际，相对更安全呢？

我们举个例子，假设现在市场上的鸡蛋价格是每斤6元，这个价格是否合理呢？为了回答这个问题，我们需要对鸡蛋的价值进行深入分析。考虑到养鸡的成本、饲料费用、税费以及运输等各个环节的费用后，我们可能发现每斤鸡蛋的实际价值是4元。那么，在这个情况下，6元的市场价格就显得偏高了。

那么，什么是安全边际呢？简单来说，安全边际就是在实际价值的基础上再打一个折扣。比如，如果你能以3.6元的价格购买到一斤鸡蛋，那么你就拥有了10%的安全边际，因为3.6元是实际价值4元的90%。如果你能以3.2元的价格购买到一斤鸡蛋，那么你的安全边际就达到了20%。

因此，安全边际并不是一个固定的数值，而是相对于实际价值的折扣率。当投资产品的市场价值低于其内在价值时，我们就可以说它具备了安全边际。安全边际的大小，则取决于折扣率的高低。这样一来，我们在进行投资决策时，就可以通过寻找那些市场价值低于内在价值的投资产品，来确保我们的投资更加安全、稳健。

第三章
是什么正在不断掏空你并不富裕的钱包

安全边际并不意味着绝对安全

安全边际这一理念，在投资领域扮演着举足轻重的角色。它不仅能有效降低我们的投资风险，更能为我们带来可观的收益。其中的奥妙，其实就在于我们能够以较低的成本购入资产。

然而，我们也不得不承认，安全边际并非万无一失的保障。事实上，真正的安全边际在于资产的成长性。举个例子来说，多年前，一家生产寻呼机的企业，尽管看似具有较高的安全边际，但时过境迁，在如今这个寻呼台都已难觅踪影的时代，这样的安全边际显然已经失去了意义。因此，我们在追求安全边际的同时，更不能忽视对资产成长性的考量。

当然，理解安全边际的概念并不难，但如何在实际操作中准确判断安全边际的存在，以及何时才是最佳的买入时机，这无疑是一大挑战。再者，当我们期待的安全边际迟迟未能出现时，我们又该如何应对呢？

对于这些问题，格雷厄姆给出的答案是"等待"。他认为，在投资的过程中，我们并不需要，也不应该频繁地进行交易。很多时候，我们需要做的，就是持有足够的现金，耐心地等待机会的到来。由于市场参与者的非理性行为，我们总能在某个不确定的时刻，等到一个拥有完美安全边际的投资机会。

创富实话

这样的投资策略，既体现了对市场的敬畏，也展现了对价值的坚守。在追求财富的道路上，我们需要的不仅是勇气和智慧，更需要的是耐心和等待。

第三章
是什么正在不断掏空你并不富裕的钱包

冲动创业陷阱：
远离"赢得起，输不起"的孤注一掷

 创富实话

创业与环境、时间、人等因素相关，注定荆棘遍布，步步为殇，稍有不慎，负债累累。

腾讯企鹅智库曾针对20多个省市、5万余名网民的创业意向做过一次深入调查。结果表明，仅有3%的受访者从未考虑过创业这一选项。然而，创业的道路并非坦途，多数企业的平均存活时间不足三年，初次创业失败率高达90%，再次尝试的失败率也在80%以上。显而易见，对于创业，失败是一种常态。

另一项国内权威调查数据揭示了一个现象：近五年来，大学生创业热潮汹涌，创业率已攀升至3%，这一数字显著超过发达国家1.6%的平均水平。然而，遗憾的是，创业的道路并非坦途，大学生创业的失败率高达95%，这充分说明创业的艰巨性

创富实话

和风险性。

在此,需要提醒一些盲目乐观的创业者:如果连基本的职场工作都无法胜任,那么创业很可能只是一场空谈。将创业视为找不到工作后的退路,这种心态本身就值得商榷。创业并非简单的替代选择,而是一项需要全面能力和深思熟虑的决策。

那些怀揣创业梦想,幻想着一步登天、走上人生巅峰的年轻人,是否真正看到了创业背后的艰辛和磨难?朋友圈中那些破产创业者的凄凉故事,难道还不足以让人警醒吗?

对于大多数人来说,王凯歆的名字可能是从北京卫视的创业节目《我是独角兽》中得知的。这位1998年出生的年轻女孩,在高中时期就选择了辍学创业,主打"95后"概念。她在节目中豪言壮志地表示要"赚够'95后'的钱",这些鲜明的标签让王凯歆迅速获得资本市场的青睐。然而,在创业真人秀的现场被五个资本大佬争抢的光环背后,却隐藏着创业路上的无数荆棘和挑战。

当时,王凯歆凭借独特的商业模式和出色的表现,不仅赢得了广泛的关注,还成功获得一大笔A轮融资,风头一时无两。然而,好景不长,一篇由GQ发布的特稿报道《17岁CEO王凯歆:风口少女的神通与孤独》揭示了她背后的问题。

据报道,王凯歆在工作中对员工缺乏尊重,缺乏同理心,管理方式粗暴。有员工在知乎上爆料称,她常常发表一些贬低

第三章
是什么正在不断掏空你并不富裕的钱包

他人的言论,与员工交流时更是动辄使用脏话,完全不注意沟通方式。

GQ的报道还指出,这位年仅17岁的CEO生活自理能力极差。她的助理需要像保姆一样照顾她的生活起居,稍有不顺就会遭到她的辱骂。在短短不到一年的时间里,她的生活助理就换了七八个。

更为严重的是,王凯歆每月的花销高达20万~30万元。她经常出入高端会所,这些费用都从公司的日常运营款项中支出。

有观点认为,神奇百货的问题部分源于资本对王凯歆的过度追捧和过早介入。在资本的热捧下,这位年轻CEO可能过早地接触到与她年龄和心智水平不相符的诱惑和压力。资本在追求快速回报的过程中,可能忽视了对企业家个人素质和团队建设的长期投入。

于是,仅仅过了几个月,这个身价一度过亿的"天才少女CEO"就重重地跌落神坛了。

王凯歆的事情提醒我们,创业并非一蹴而就的易事,而是需要全面素质、深厚积累和明智决策的长期过程。

年轻人在初次涉足投资领域时,往往容易被眼前的利益所诱惑,从而忽略周围的环境因素,采取过于急功近利的短期行为。虽然这样的做法可能会暂时带来一些收益,但其中蕴含的失败风险也是极高的。这就好比一个人眼中只有一只兔子,盲目地追逐,却忘记了脚下可能存在的深坑,稍有不慎就可能陷入其中。

因此,无论你的创业热情有多么高涨,都请牢记一条原则:不要轻易涉足那些九死一生的买卖。

财富进阶

创业的段位与起点因人而异,源于创业者所掌握的资源与抱负。根据不同的起点,我们可以将创业划分为三大类别,并针对性地探讨相应的风险规避策略。

初级创业阶段的风险规避

这类创业的最大特点在于,创业者往往面临资金匮乏的挑战,但他们怀揣创业的梦想,或出于生计所迫,选择从小本买卖起步。

尽管小本创业的起点较低,但其发展前景并不因此而受限,关键在于创业者是否具备广阔的胸怀和远大的眼光。那么,初级起点的创业者应如何规避风险呢?

首先,初级创业者需要深入剖析自身的优势所在,并客观评估自己对风险的承受能力。这种自我审视能够帮助创业者明确自己的定位和发展方向。

其次,商业模式的构建也是至关重要的一环。例如,若从事第三产业如咨询、中介等行业，创业者需仔细研究收费机制、目标客户、定价策略以及市场认可度等关键因素。这些都是商业模式设计中必须面对和解决的问题。在小本创业的过程中，切记避免盲目扩张，而应稳健发展，逐步壮大。

中级创业阶段的风险规避

在中级创业阶段，风险规避策略尤为关键。这一阶段的创业者通常已拥有可观的资金或一项具有前景的技术，从而能够将事业起点设得更高。然而，随着业务规模的扩大，所面临的风险也随之增加。那么，如何有效规避中级创业阶段的风险呢？

首先，创业者应深刻审视自己的工作经验，以确保其与创业项目之间存在有益的互补性。这种互补性能够极大地降低创业风险，因为过去的经验和人脉关系可以在新项目中发挥重要作用。如果发现经验与项目之间缺乏交集，那么在投入资金之前，创业者应广泛征求他人意见，进行深入的市场调研，并制定周密的规划。

其次，中级创业者还应注重团队协作和领导力的培养。一个优秀的团队能够共同面对挑战，降低风险，强大的领导力则能够引导团队朝着共同目标前进。在这一阶段，创业者还应建

创富实话

立一套有效的风险管理体系,包括风险评估、监控和应对措施,以确保业务在面对不确定因素时能够保持稳定。

高级创业阶段的风险规避

这一阶段的创业者通常拥有丰富的资源,包括雄厚的资金、卓越的管理团队以及广泛的人脉网络。这些优势使得他们在创业道路上拥有更高的成功率。然而,这并不意味着他们可以完全忽视风险。

对于高级起点的创业者,一个致命的弱点在于他们承受不起失败的打击。由于这个阶段的创业者往往年龄较大,一旦遭遇失败,可能再也无法翻身。因此,稳健策略成为他们创业过程中的核心要义。

为了实现稳健发展,高级创业者需要综合运用多种策略来降低风险。首先,应确保对行业动态和竞争态势有充分的了解。其次,需要建立一套完善的风险管理体系,包括风险评估、风险监控和风险应对等。此外,与合作伙伴和投资者的紧密合作也是降低风险的重要途径。

在这个过程中,创业者还需要保持清醒的头脑和冷静的心态,时刻警惕潜在的风险点,并及时采取应对措施。同时,创业者也需要学会从失败中汲取教训,不断调整和优化自己的创业策略。

第四章

为什么许多创业者猝然
倒在通往明天的路上

创富实话

谁都有资格创业吗？你想太多了

 创富实话

如果你觉得拥有财富这件事可以水到渠成，那么很大概率，你会成为创业大军中的炮灰。

在全球创业浪潮风起云涌的当下，创业这一理念正以前所未有的魅力，吸引着无数渴望实现自我价值的人。他们不仅被创业所带来的财富自由前景所吸引，更看重创业过程中能够获得的自由时间，以及那份深深的个人成就感。

通过新闻采访、成功学讲座、自媒体作者，我们仿佛见证了一个又一个白手起家创业成功的故事。那些杰出的创业者，以他们的智慧和勇气，创造了惊人的热度和财富，赢得了人们的尊敬和推崇，同时也让越来越多的年轻人热血澎湃起来。

然而，在热血沸腾的同时，你是否衡量过自身的创业体质？创业的低成功率是一个不容忽视的事实，更重要的是，并非所

第四章
为什么许多创业者猝然倒在通往明天的路上

有人都适合创业。以曾经的"湖南首富"武东福为例,他的迅速崛起和迅速陨落,都充分证明了这一点。

武东福,原湖南衡东现代节能工程有限公司董事长,一度也被称为白手起家的杰出楷模。将时间追溯至 20 世纪 80 年代初,国防科工办曾进行乳化炸药承载体的研发,尽管汇聚众多专家学者,却进展甚微。彼时,仅有小学学历的武东福闻讯后自告奋勇,挺身而出。在那个充满激情与探索的年代,他的请求获得了国防科工办的认可,而他也不负众望,竟一举攻克了这个业内难题。

当时,武东福声名鹊起,广受媒体关注,甚至连中央电视台都对其进行了深入报道。鉴于乳化炸药承载体与节能技术的紧密联系,武东福顺势而为,创立了节能工程公司。凭借自身的名望和影响力,公司迅速成为行业内的领军企业。随后,"湖南省首个百万富翁""湖南首富"等荣誉接踵而至。

武东福成功后,始终心怀感激,想方设法回馈那些曾与他共同打拼的兄弟。他在节能公司旗下成立了多家分公司,让每位兄弟都有机会独挑大梁。为了减轻他们的负担,武东福仅象征性地收取一点管理费,其余盈利全部归分公司所有。

然而,随着时间的推移,一些兄弟开始试探武东福的底线。他们最初还能按时上交管理费,但渐渐地,有人发现了武东福的仁慈和宽容,于是管理费变成白条,甚至有人想方设法从总

创富实话

公司捞取更多利益。武东福从未强求他们兑现白条，他的纵容也助长了这种不正之风。

为了维护这帮兄弟的情面，武东福在公司经营过程中从未对外招聘过高级管理人员和大学生。他担心这些外来人才会看不起他的兄弟们。显然，这种做法在很大程度上限制了公司的发展。

武东福经营企业十余载，始终秉持义气为重，然而这种分光用尽的经营方式，使得企业账上竟无分文积蓄，发展后劲堪忧。衡东现代节能工程有限公司在短暂的红火后迅速陷入困境，由盛转衰，令人唏嘘，而武东福对此却浑然不觉。

随后，武东福因一张抵债的虎皮而身陷囹圄，四个月的牢狱之灾让他看清了现实。出狱后，昔日的兄弟早已树倒猢狲散，仅剩两家分公司愿意与他共渡难关。心灰意冷的武东福毅然遣散了他们，并与相濡以沫的妻子办理了离婚手续，理由是不愿意再拖累他人。

说到底，武东福是陷入了"义气"与"感情"的旋涡无法自拔。他为人仗义，但用这种方式创业，注定走向衰败。在获益是胜道的商业圈里，"但愿君心似我心"的期许何其奢侈，他也无权要求别人如此。

人们往往只聚焦成功者表面的光环，却忽视了创业历程中的重重挑战。创业，实则是对个人全方位综合素质的严峻考验。

第四章
为什么许多创业者猝然倒在通往明天的路上

当我们立足创业的起跑线，憧憬着未来可能的辉煌成就时，更应怀揣一份敬畏之心，保持谦逊的态度。至关重要的是，我们必须深刻认识并正视自身的优势与不足，做好充分的准备工作，以应对创业路上的各种挑战。如果靠一腔热血、一时冲动去创业，我们付出的可能不仅是汗水、泪水，甚至是血水。

 财富进阶

在创业征途上，既有激动人心的传奇篇章，也不乏令人扼腕的惨重失败。这条路既有过山车般的跌宕起伏，也有攀岩式的艰难跋涉，更不乏断崖式的猝然陨落。事实上，许多失败的种子在创业伊始就已悄然埋下。尽管途中不乏自我救赎的契机，但若无及时的觉悟与把握，这些机会也终将逝去。那么，让我们一同来审视创业过程中的那些禁忌，探寻它们是否已悄然侵入你的事业肌理。

精神与道德层面的禁忌

1. 缺乏坚韧不拔的决心与毅力：在创业道路上，一帆风顺只是偶然，坎坷崎岖才是常态。若只适应顺风顺水的环境，一遇到逆境便心生退意，那么失败终将不可避免。

2. 过度依赖既往经验，故步自封：时代在进步，市场在变

创富实话

化。若创业者过于依赖以往的经验，拒绝接受新事物、新观念，那么他们的事业也必将被时代所淘汰。

3. 盲目扩张，缺乏稳健经营的理念：在创业初期，资金是宝贵的资源。若盲目追求规模扩张，忽视成本控制与风险防范，一旦资金链断裂，企业将陷入万劫不复之境。

企业发展战略层面的禁忌

1. 缺乏清晰的长远战略规划：企业必须拥有明确、有前瞻性的长期战略，以指引未来的发展方向。若战略模糊或频繁变更，企业将迷失方向，难以形成持续竞争力。

2. 战略实施浮于表面，未深入挖掘核心规律：真正的战略应深入洞察市场与行业规律，而非仅停留在表面的短期策略上。缺乏深度挖掘的魄力与能力，将使企业难以抓住根本，从而错失发展机遇。

3. 扩张策略过于保守或无序：企业应根据自身实力与市场环境，制订合理的扩张计划。过于谨慎可能错失市场机会，无序扩张则可能带来资金链断裂、管理失控等风险。

4. 资本运作战略失误：有效的资本运作是企业发展的重要手段。若资本运作战略不当，如投资失误、融资困难等，将严重影响企业的健康发展。

第四章
为什么许多创业者猝然倒在通往明天的路上

5. 财务杠杆运用不当：合理的财务杠杆可以放大企业收益，但过高的杠杆也会增加企业的财务风险。因此，企业应根据自身情况，审慎运用财务杠杆。

公司治理结构层面的禁忌

1. 实行家族式管理，缺乏有效的决策监督机制：虽然家族式管理在初创期有其优势，但随着企业发展，应逐步引入现代化管理体系和辅助决策机制，以确保决策的科学性和公正性。

2. 激励与约束机制不匹配：合理的激励与约束机制能够激发员工的积极性并规范其行为。若二者不匹配，将可能导致人才流失、内部人控制等问题。

3. 创业团队智力结构单一，缺乏多元化视角：创业团队的智力结构应具备多样性和互补性，以应对复杂多变的市场环境。过于单一的智力结构将限制企业的创新能力和应变能力。

4. 实际控制人精力过于分散：实际控制人应专注于企业的战略规划和核心业务，避免过多涉及非主营业务或过度扩张，以确保企业稳健发展。

产品技术层面的禁忌

1. 知识产权保护不力：在知识经济时代，知识产权是企业

创富实话

宝贵的资产之一。若对知识产权保护不力，将导致技术泄露、仿冒产品泛滥，严重损害企业的创新能力和市场竞争力。

2. 产品可替代性强：若产品缺乏独特性或技术优势，容易被市场上的其他产品所替代，那么企业的生存空间将受到极大挤压。

3. 对资源和环境的依赖过大：随着全球资源日益紧缺和环境保护意识的提升，过度依赖特定资源或对环境造成破坏的产品将难以持续发展。

4. 缺乏差异化的竞争优势：在激烈的市场竞争中，若无法提供与众不同的产品或服务，企业将难以脱颖而出，赢得客户的青睐。

商业策略与经营模式层面的禁忌

1. 盲目跟随潮流，陷入泡沫阶段：在商业浪潮中，盲目追赶潮流、投机取巧的行为往往伴随巨大的风险。一旦市场泡沫破裂，这些企业将面临严重的生存危机。

2. 产业链过长，管理难度加大：虽然延长产业链可能带来更多的增值机会，但同时也增加了管理的复杂性和运营成本。若无法有效整合产业链资源，可能导致效率低下、成本失控。

3. 制约点过多，灵活性受限：企业在发展过程中若受到过多的外部制约,如供应商、合作伙伴、政策法规等,将严重影响其战略调整的灵活性和市场响应速度。

4.过于领先社会步伐,可能面临巨大亏损:虽然创新是企业发展的核心动力,但过于激进的创新策略也可能导致市场接受度低、成本高昂等问题。因此,企业需要在创新与市场需求之间找到平衡点,以确保稳健发展。

有好点子就能变现？也可能很烧钱

 创富实话

真正伟大的想法都是比较跳脱的，是绝大多数人无法理解的。说得直白点，当很多人都觉得这个想法可以赚钱时，你再跳进去，基本就是去做韭菜的。

许多人过分强调创业想法的独特性，甚至在近年来出现了一种追随所谓"风口"的趋势，即资本偏好某一领域后，众多创业者便蜂拥而至。这导致市场上涌现出大量业务模式相似、竞争激烈的公司，然而最终能够存活下来的却屈指可数。

事实上，创业想法本身并非至关重要，因为在这个信息高度流通的时代，你能想到的点子，很可能别人已经想到。众多成功企业的案例证明，消费者最终买单的，往往与企业最初的创业设想大相径庭。因此，创业者不必过分迷信于某一个具体的想法。

第四章
为什么许多创业者猝然倒在通往明天的路上

想法更多的是团队对业务理解与思维能力的体现，它具有灵活性和可变性。如果一个团队拘泥于某种想法，那么可能意味着他们对创业的深层次理解还有待加强。在创业的道路上，更为关键的是团队的执行力、市场洞察力以及对用户需求的把握。这些因素才是决定创业成功的重要砝码。

有一家名为Instagram的公司，或许你曾耳闻，该公司堪称图片社交领域的先驱，在硅谷书写了一段传奇。成立仅一年半的时间，在员工规模仅为13人的情况下，它便被Facebook以10亿美元的高价收购，此举着实令人瞩目。

然而，鲜为人知的是，Instagram的雏形曾是一个名为Burbn的应用，当时它在基于位置的社交网站领域颇受欢迎。尽管如此，Burbn的用户数量却始终未能突破千人大关，发展陷入瓶颈期。

在创业过程中，Instagram的创始人敏锐地发现，他们应用中的照片滤镜功能深受用户喜爱。彼时正值Iphone3时代，手机摄像头技术尚显稚嫩，拍摄出的照片质量不尽如人意。因此，他们精心研发了一系列滤镜，旨在提升照片上传后的视觉效果。

正当公司面临生死存亡之际，创始人毅然决定放弃原有的业务方向，将照片滤镜与社交功能相融合，打造出全新的产品。随后的故事便为人们所熟知，Instagram迅速风靡全球，引领

创富实话

了一个全民使用滤镜拍照的新时代。Facebook 以 10 亿美元将其收购，如今看来，这无疑是一笔极为划算的交易。

谈及美团，可能你首先想到的就是"外卖"两个字。但事实上，美团的起点并非外卖业务，而是社区团购。倘若美团当初固守这一初始模式，未能及时洞察市场变化并做出转型决策，那么即便它能在激烈的"千团大战"中侥幸存活下来，恐怕也难以达到今天的成就。

创业充满了变数与挑战。我们需要以动态的视角来审视创业过程中的每一个转折与抉择。美团的成功转型，正是创业者灵活应对市场变化、捕捉新商机的典范。它告诉我们，只有不断适应、不断创新，才能在激烈的市场竞争中立于不败之地。

进一步思考，我们会发现真正伟大的想法往往伴随着争议与挑战。这是因为伟大的想法往往具有前瞻性和创新性，它们超越了常规的认知边界，需要时间和实践来验证其可行性。换言之，如果一个想法已经被大众完全理解并接受，那么它很可能已经失去了潜在的市场机会和增长空间。

财富进阶

人们往往在战略与现实、目标与成果之间建立起直接的联系，当现实不尽如人意时，便会反思战略制定，当成果未达预期时，则会审视目标的设定。然而，他们却忽视了其中的一个

第四章
为什么许多创业者猝然倒在通往明天的路上

关键因素——市场的动态变化。当市场环境发生转变,创业者的思维与策略未能及时跟上这种变化时,失败便已在所难免。

那么,我们现在就来深入评估一下你的创业构想是否具备可行性。

你是否已经明确了你的产品或服务的目标用户群体?换句话说,你是否已经找到了那些愿意为你的创意买单的人?在创业的过程中,我们必须始终牢记,客户是我们的立足之本,只有当我们的产品能够真正满足某一群体的需求,并为他们创造价值时,我们的创业之路才有可能走下去。

你的产品或服务为何具有价值?你需要深入挖掘你的产品在使用前后给人们带来的改变,或者与市场上的其他替代品相比,你的产品究竟有哪些独特之处。你的产品能够为用户和商家带来何种好处,又能否为商业价值带来新的增长点?这些都是你在创业之初就必须认真思考的问题。

何时是最佳的进场时机?为何不是五年前,抑或是五年后?我们深知,把握趋势固然重要,但更为关键的是精准地踩准时代的节拍。以Iphone为例,尽管在其诞生之前市场上已不乏类似概念的电子产品,然而,正是在那个特定的时间节点,Iphone成功地将技术与产品融为一体,达到了一个前所未有的高度,从而在市场上实现突破性的飞跃。

将来应该如何前行?如何构筑起自身的市场壁垒?要知道,

创富实话

若缺乏足够的护城河,我们注定难以在激烈的竞争中脱颖而出。毕竟,当众多竞争者都能提供相似的价值时,唯有那些拥有独特优势的企业,方能在这场博弈中立于不败之地。

因此,我们必须深入思考,究竟是什么赋予我们别样的能力?是独特的技术、丰富的经验,还是独到的洞察力?在众多的竞争者中,为何是我们以及我们未来所搭建的团队,成为这个领域的佼佼者?只有当我们能够清晰地回答这些问题时,我们才能真正地找到自身的立足之本,进而在市场的洪流中乘风破浪、勇往直前。

懂技术就赚钱？淘汰不过一瞬间

 创富实话

技术只是商业链条中的一环，痴迷技术，只能赚到一个环节的钱，最终会因为一棵树而放弃整片森林。

创业是不是掌握了好技术就能赚大钱？很遗憾，不是的。资本市场从来不缺好技术，甚至从来都不缺好产品，能不能在千军万马的商业竞争中活下来，不仅取决于你的技术有多厉害，而在于你能不能通过技术实现创收和盈利。

从市场需求的维度来看，技术再先进，若缺乏市场需求或市场需求微弱，其盈利能力也会大打折扣。换言之，想要实现商业成功，我们必须深入洞察市场需求，并据此开发出既具价值又具竞争力的产品或服务。

对于一家企业而言，其经营成效并不唯技术论。事实上，技术仅仅是实现商业目标的一种手段。一个行之有效的商业模

创富实话

式，才是将技术转化为商业价值的枢纽。

一家企业的经营，是多元因素的综合体现。除了技术之外，还需考量商业模式、运营管理、市场营销、创新能力、企业文化及领导力等诸多要素。这些要素相互交织、共同作用，才能描绘出企业经营的完整画卷。

若仅局限于技术层面，或许能赢得一份辛苦钱，但想要掌握财富密码，实现商业上的巨大成功，则必须深入行业、洞悉市场，方能游刃有余地攫取丰厚利润。

事实上，中国真正靠技术起家并成功发展壮大的公司寥寥无几，所谓的技术壁垒和其所体现出的价值与重要性，也并没有很多技术人士所认为的那么大。简单来说，绝大多数的技术在投入生产之后，都是非常容易被取代的。

更何况，即使是同样一件商品，成本和功能都相差无几，但通过不同的包装、经营、销售等模式，能够卖出的价钱也会天差地别。懂技术的人能够将商品制造出来，懂行的人却能为商品打造一个最优的变现价格。可见，虽然技术对于事物的创造至关重要，但真正的财富密码却掌握在会经营的人手中。

大可乐（Dakele）手机，这一隶属北京云辰科技有限公司的安卓智能手机品牌，曾以其独特的互联网手机理念在市场中占据一席之地。云辰科技作为一家专注于互联网手机及移动互联网技术的创新型企业，在致力于为用户通过手机带来前所未有的极致互联网体验方面，确实做得不错。

2012年9月27日，大可乐官方网站震撼上线。同年11月5日，大可乐手机正式发布，开启了品牌的崭新篇章。

然而，市场是残酷的，尤其是对于创业公司。大可乐在面临手机市场洗牌的严峻考验下，生存空间逐渐受到挤压。更为关键的是，由于资金链的断裂，大可乐的处境变得愈发艰难。尽管其在互联网手机领域有着独特的理念和技术，但无奈的是，大可乐并未能充分掌握互联网产品及销售的精髓，尤其是在互联网流量的获取上显得力不从心。这使得该手机品牌在市场竞争中逐渐失去优势，最终在2016年3月9日，创始人丁秀洪正式宣布暂停该手机品牌业务。

市场变幻莫测，竞争犹如战场般惨烈，创业者身处其中，时刻面临着巨大的挑战。若无雄厚的资金支持和独特的竞争优势，创业公司想在这股洪流中生存下来，可谓难上加难。因此，创业者必须时刻保持警惕，不断磨砺自身实力，方能在市场的惊涛骇浪中稳住阵脚。

财富进阶

经营企业与规划人生皆是如此，需洞察秋毫，深谙表象背后的本真，把握事物发展的核心脉络。唯有如此，我们方能在风云变幻中屹立不倒，笑对人生百态。在这个纷繁复杂的世界

创富实话

里，单纯精通技术者或许能争得一时风光，但唯有既懂技术又懂行情的人，才能成就一番大业，跻身行业翘楚之列。

精准把握市场脉动

这是创业不可或缺的基石。若要洞悉市场先机，必须对现有状况有透彻而精准的理解，避免对市场趋势产生误判。

全面掌控市场动态元素

市场行情的变迁往往受多元因素影响。某些商品曾风靡一时，却可能骤然间市场反应冷淡；反之，也有过去乏人问津，却忽地成为抢手货的情况。此类市场波动，虽看似难以捉摸，实则皆有迹可循。其变化原因可能涉及产品生产量的增减、质量水准的升降，抑或是经营者营销策略的调整及广告力度的加大，从而在消费群体中引发积极反响。

深入了解并预见市场变迁

政府针对特定商品制定的调控政策，无疑会引发市场的连锁反应。例如，政府提高棉花与粮食的收购价格，势必会带动以这些原材料为基础的棉布、针织品、食品以及饲料等产品的

第四章
为什么许多创业者猝然倒在通往明天的路上

价格上涨。只有深入把握这些关键因素，我们才能为准确预测市场走向奠定坚实基础。

科学研判未来市场趋势

在充分掌握市场动态元素的基础上，我们便有能力对未来市场的变化做出更为准确的预判，并据此制定相应的行动策略。这种预测并非对市场信息的简单反馈，而是经过深入分析与综合研判后，对市场未来发展方向的科学展望。

内行看门道,外行只能看热闹

 创富实话

再赚钱的项目,如果你是一个门外汉,也很难成功,因为你很难准确预估成本,找准市场定位,那么极有可能就是——关门大吉。

在多数情况下,人们对于特定事件的响应往往更多地体现为一种直观的情感反应,而非经过深思熟虑后的理性产物。我们常常聚焦事件本身,却忽视了其发生的概率。这正是为何尽管车祸的发生率显著高于空难,但乘坐汽车却仍旧能给予我们比乘坐飞机更多的安全感。毕竟,空难本身的恐怖程度远超车祸。

然而,这种非理性的情感反应极易引导我们走向非理性的决策路径。以过去的"地摊热"为例,当时社会各界大肆宣扬摆地摊"低门槛、低成本、高回报",吸引了无数人投身"地摊大军",甚至有些人不惜辞去原有工作,将摆地摊视为创业的起跑线。

那么,是否真的有人通过摆地摊实现了财富增长?答案是肯定的。但相较于庞大的"地摊大军",成功者的比例可谓微乎其微。最终,许多人不得不重新回归职场。

有一件你可能意想不到的事情:在"地摊经济"风靡一时之际,谁成为最先的受益者并累积了巨额财富?

答案是五菱宏光。他们凭借为地摊经营者提供必需设备的独到眼光,成功把握住了这一波商机。

如今,"网红经济"异军突起,直播带货俨然成为新的利润增长点。一些头部带货达人,一场直播便能轻松创造数千万元甚至数亿元的惊人销售额。这无疑让众多普通人跃跃欲试,纷纷投身"直播大军"与"短视频战场"。然而,对于普罗大众而言,真正的挑战并非急于开播或拍摄短视频,而是如何能够像头部带货达人那样,精准把握市场脉搏,成为行业的佼佼者。

每个行业都不乏成功的典范,他们从零开始,最终实现人生的华丽转身。正所谓"三百六十行,行行出状元",选择哪个行业、从事何种工作,并非成功的决定性因素,关键在于,我们能否具备洞悉事物本质的能力,找到成功的关键所在,而非盲目追随潮流,四处寻觅所谓的热门。

创富实话

📈 财富进阶

在市场竞争中,资源总是稀缺而珍贵的。唯有迅速洞察先机,领先他人一步锁定优质资源,方能占据市场的制高点,尽享丰厚的回报。当某个领域成为众人瞩目的焦点时,往往意味着资源已被众多竞争者激烈争夺,甚至已近枯竭。此时若再盲目跟风,恐怕只能捡拾些微的残余利益。因此,保持敏锐的市场触觉,提前布局,才是创业者活下去的真正门道。

观察

观察是信息收集的关键环节,它要求我们透过阅读和交流,利用各种渠道来深入、全面地洞察目标领域。以电商导购行业为例,有效的观察应涵盖众多电商网站及其内容,从而积累起丰富而详尽的行业信息。

思考

收集到信息后,思考则成为我们将这些信息转化为有价值的观点和对未来判断的过程。对于创业公司而言,思考的核心在于精准地识别商业赛道中尚未得到充分满足的用户或客户需求,即所谓的"痛点"。例如,若发现众多电商导购用户仍存在未被满足的需求,这便可能提示了一个潜在的市场切入点。实际上,不少创业公司正是从发现并利用这些痛点出发,构建出独特的商业命题,进而思考如何运用新颖的产品和运营策略来有效地满足这些需求。

验证

验证环节旨在确认所提出命题的可行性。行业研究报告在这一过程中扮演着重要角色,因为它能提供关于用户需求、年龄段分布等方面的宝贵数据。此外,我们强烈推荐进行访谈,包括与用户和行业相关人员的深入交流,如业主、从业人员、产品经理以及产品运营人员等。这些访谈不仅能帮助我们验证命题的合理性,还可能揭示出对命题进行必要调整的重要线索。

需要强调的是,想要在创业领域脱颖而出,关键在于培育对行业的独到洞察力与深刻见解。倘若你的观察仅限于表层,且人尽皆知,那么你所踏入的市场很可能已是一片"红海",竞争之激烈可想而知。因此,我们竭力倡导在观察、思考与验证的循环往复中,逐步塑造出既具深度又别具一格的见解。如此,你方能在波诡云谲的商海中乘风破浪,抓住那些转瞬即逝的创业良机。

忽略成本支出,必然一败涂地

 创富实话

初创企业的利润都是精打细算出来的,初创团队的钱真的要一分钱掰开两半花。

成本管理在创业过程中占据着举足轻重的地位,它涵盖了对企业各项支出的精细调控与优化,旨在实现成本的最小化和利润的最大化。

然而,在企业初创阶段,成本控制这一关键环节却常被管理者所忽视。他们往往过分关注企业的主营业务收入,而忽略对净利润和正常经营现金流的考量。

这种管理上的失衡,往往会导致一系列财务问题的出现。例如,营业收入虚高、成本居高不下、现金流捉襟见肘、净利润低迷不振等。这些问题不仅会严重影响企业的健康发展,甚至有可能使企业因资金匮乏而难以为继。

第四章
为什么许多创业者猝然倒在通往明天的路上

小谷考研,你大概闻所未闻,一家在时代洪流里突然销声匿迹的初创企业。在企业初创的前两年里,该企业由于忽视对成本的管理,最终出现了严重的财务问题。

起初,账面资金的充裕使得该企业在支出上显得颇为豪爽,却未曾深思熟虑后续的财务负担。举例而言,在进行场地装修时,他们选择了全新的设备,而未考虑成本效益更优的二手设备选项,从而导致仅硬件装修成本一项,就额外增加40%~50%的不必要开支。

时间来到2019年上半年。尽管在运营的最后几个月中,该企业仍稳定拥有130名学生,并按照每人每年1.2万元的标准收费。表面上看似带来了150余万元的可观年收入,但实际上,他们的财务状况并不如收入数字那般乐观。

深入分析其财务结构,发现房租、教师薪酬以及社保等固定支出每月已高达30万元左右。与此同时,教材费用、广告投入、活动经费等附加支出亦不容忽视。特别值得注意的是,他们所选择的教材加盟商收费昂贵,这使得教材成本持续居高,进一步加剧了企业的资金压力。

尽管他们尝试通过预收款来保持稳定的现金流,但预收款并非利润,实际利润取决于课消。由于课消情况并不理想,每月仅约12万元,他们面临着巨大的财务压力。

该企业曾试图通过增加班级人数来降低成本,即将原定的8

创富实话

人一班调整为 16 人一班，以期减少人力资源的开销。然而，这一举措遭到部分家长的反对，最终未能实施。在现金流持续紧张的情况下，他们不得不每月向学校贴钱以维持正常运营。

然而，创业的初衷是实现盈利，而持续的财务困境使得合伙人难以接受当前的状况。经过深思熟虑，他们最终决定分道扬镳，各自寻求新的发展路径。

在退租房屋的过程中，他们也遭遇了不小的困扰。由于签署租赁合同时未能充分审视合同条款，当经营出现问题无法继续履约时，原本每月 4 万元的租金因提前退租而需额外支付三个月的租金作为违约金，且一个月的押金也无法收回。这一意外支出无异于雪上加霜，使他们又平白损失十余万元。

企业犹如一辆高性能跑车，在商业赛道上驰骋，现金流则是这辆跑车不可或缺的燃油，利润代表着它的行驶速度。一辆跑车，即便拥有再强大的马力、再惊人的速度，一旦燃油耗尽，也终将无力前行、黯然停滞。同样，许多管理者在经营企业的过程中，或许过分聚焦提升"跑车"的"速度"，即追求更高的利润，却往往忽视了"燃油"即现金流的储备状况。这种忽视最终往往导致企业在高速发展中突遇"燃油"耗尽的窘境，不得不在激烈的商业竞争中遗憾退场。因此，明智的管理者必须时刻关注企业的现金流状况，确保这辆商业跑车有足够的"燃油"供应，以支持其持续、稳定地驰骋于商业的赛道之上。

第四章
为什么许多创业者猝然倒在通往明天的路上

 财富进阶

一个初创企业的文化与思想基调，往往由管理层的个人魅力及领导力所塑造。企业成本的有效控制，不仅依赖于管理层对成本控制理念的深刻理解与重视，更在于他们身体力行，发挥模范带头作用。

若期望员工共同努力，实现企业成本的节约，那么从根本上来讲，管理层必须带头树立典范。当管理层展现出对成本控制的坚定决心并付出实际行动时，员工自然会效仿并跟随。

成本意识的培养与推行，必须从管理层抓起，方能逐步渗透至全员，从而实现企业成本控制的全面优化。

明确成本分类至关重要

将成本与支出划分为固定成本与变动成本，以及直接成本与间接成本，这样的分类方式能够让我们更为透彻地理解企业的各项支出情况。通过这种分类，管理层可以更为精准地把握成本构成，进而为决策提供有力支持。

运用财务软件是提升财务管理效率的关键

借助先进的财务管理软件，我们可以轻松记录和追踪企业

创富实话

的每一笔交易，自动生成各类报表。这不仅简化了烦琐的手工账务处理，还大大提高了数据的准确性和时效性，便于管理层进行财务分析和监控。

定期审计是保障财务健康的重要环节

通过定期审查账目，我们可以确保所有财务记录的准确无误，及时发现并纠正可能存在的错误。这有助于实现企业财务的透明化和合规性，防范潜在的财务风险。

做好预算在财务管理中占据举足轻重的地位

通过制订详细的预算计划，包括收入预期和预计支出，企业可以更好地控制成本，避免超支现象的发生。预算不仅是企业财务管理的指引，更是实现经营目标的重要保障。

成本效益分析是优化支出的有效手段

对每项支出进行深入的成本效益分析，可以推动企业的投资带来大于成本的收益。这有助于企业在资源配置上做出更为明智的决策，实现经济效益的最大化。

第四章
为什么许多创业者猝然倒在通往明天的路上

减少浪费是提升企业盈利能力的重要途径

通过审查所有支出、剔除不必要的开支，企业可以降低运营成本，提高经营效率。这要求企业在日常运营中始终保持节俭意识，严格控制非必要的支出。

留有余地在预算管理中同样不可忽视

在预算中预留一定的空间以应对突发事件或不可预见的支出，可以帮助企业更好地应对市场变化和经营风险。这种预算管理的灵活性和前瞻性是企业稳健发展的重要保障。

迷信不断扩张,最后只能被迫关张

 创富实话

创业公司没有爆炸式增长,肯定不会成为一家顶级公司,但不能一门心思要"爆炸",否则一定会把自己炸成炮灰。

是否企业规模越大就越好?这是许多人心中的疑问。确实,在激烈的市场竞争中,小微企业往往难以抵御风浪,稍有不慎便可能面临灭顶之灾。因此,追求企业规模的扩大似乎成为一种理所当然的选择。

然而,创业者若一味追求做大做强,满脑子都是扩张、扩张、再扩张,那么危险也会随之而来。

威廉·格兰特在年仅19岁时便展现出卓越的经营才能,彼时他已独立执掌波士顿一家大型鞋店。不久,格兰特决定辞职创业,他倾尽所有资本开设了第一家日用品零售店。短短两年

第四章
为什么许多创业者猝然倒在通往明天的路上

后,他的商业版图就扩展到了美国其他城市,格兰特连锁店应运而生。截至20世纪60年代,他的企业年销售收入已近10亿美元,成功跻身美国知名大企业的行列。

然而,盲目扩张却成为格兰特走向衰败的症结所在。他不断增设连锁店,到1972年时,新开设的商店数量已是1964年的两倍。遗憾的是,规模的扩大并未带来相应的利润增长。到1973年11月,格兰特公司的利润率跌至仅剩3.7%,尽管全年营业额高达18亿美元,但利润却仅有8400万美元,创下了公司历史上的新低。

格兰特并未因此放缓扩张的步伐。到了1974年,格兰特公司的连锁店数量激增到82500家,这一数字是10年前的1000多倍。即使以今天的眼光来看,这也是一个令人咋舌的门店数量,足见其盲目扩张的程度之深。与此同时,格兰特公司的债务不断攀升,在143家银行的债务累计达7亿美元,导致公司信誉急剧下降。最终,在1975年10月,格兰特公司不得不申请破产保护,8万名员工因此失业。这也使格兰特公司成为美国历史上第二大破产公司,同时是零售业中最大的破产案例。

当创业者开始沉湎于自身的成功,不再深入挖掘和理解成功的本质,衰落往往接踵而至。创业初期的成功可能滋生傲慢情绪,使企业渴望不断扩大规模、加速增长,并沉醉于外界的赞誉和所谓的"成功光环"。

创富实话

然而，此时企业可能已丧失先前的持续盈利能力，并在难以取得优异成绩的领域大肆扩张，或过分追求速度而忽视核心优势，甚至同时犯下这两种错误。若创业者此时仍然没有觉醒，内部漏洞将会频繁出现。但企业外部看似坚不可摧的表象，可能使创业者对业绩不佳视而不见，或将困难轻描淡写地视为"暂时性""周期性"问题，认为"并无大碍""无足轻重"。

随后，不断累积的风险将转化为对现实不利的局面，若创业企业在这一阶段未能找到有效的自救措施，崩溃将不可避免，随即会被人遗忘。

2016年4月5日凌晨，博湃养车通过微信公众号发布了一篇题为《认识这么久，第一次说再见》的深情告别长文，正式宣布公司破产倒闭。这一突如其来的消息让整个行业都感到惊愕。要知道，博湃养车一度呈现出强劲的发展势头，在不到一年的时间里便迅速崛起为汽车养护行业的领军者，其估值曾冲至6亿美元的高峰，距离成为行业独角兽仅一步之遥。

然而，博湃养车的衰败并非无迹可寻。事实上，它与整个行业的混乱现状有着千丝万缕的联系。公开资料显示，自2015年起，汽车后市场涌现了数十个O2O项目。这些项目以"0元洗车""1分钱洗车"等超低价策略为手段，展开了一场激烈的竞争。这场看似自杀式的价格战持续不断，不少公司在这场烧钱大战中纷纷倒下。

第四章
为什么许多创业者猝然倒在通往明天的路上

博湃养车亦是如此。它的扩张策略近乎疯狂，采用了极端激进的补贴政策，甚至将客单价降到 1 元的惊人低价。他们原本希望通过这种烧钱补贴用户的方式，迅速培养用户形成新的消费黏性。然而，洗车服务既非刚性需求，也非高端市场。企业在盲目扩张中烧钱，盈利模式模糊不清，最终只会导致资金链断裂。

2015 年下半年的资本寒冬更是给了博湃养车沉重一击，使其融资希望彻底破灭。到了 2015 年 12 月，博湃养车的业务几乎全面停滞。这个曾自称在汽车后市场占有率高达 75% 的行业巨头，就这样在创业的洪流中沉没了。

财富进阶

在商业经营中，过度追求规模扩张并不可取，更应避免盲目夸大。规模庞大并不一定意味着经济效益优异，若利润无法与规模同步增长，庞大的规模反而可能成为累赘。

创业者需要认清现实，明白经营企业是一项艰巨的任务，资源一旦耗尽，企业便难以维系。因此，创业者必须遵循点、线、面的发展节奏，稳扎稳打地推进事业。至于每个阶段的具体行动方针，只要创业者保持清晰的思路，自然能够领悟其中的奥秘。

持续评估与动态调整扩张战略

扩张并非一蹴而就的单次行动,而是一个持续演进的过程。因此,企业必须不断地对自身的扩张战略进行深入评估,并根据市场需求及内部发展方向进行灵活调整。通过这一持续性的战略审视与优化过程,企业能够更有效地应对外部环境的变化,满足自身发展的内在需求。

增强增长管理能力

扩张往往会对企业的人力资源、技术基础及运营流程带来显著压力。若企业未能妥善应对这些挑战,可能会引发人才流失、产品品质下滑及客户体验不佳等一系列问题。因此,提升企业对增长的管理能力至关重要,这包括在扩张过程中确保人员配置的合理性、技术升级的及时性,以及流程优化的持续性。

维护财务稳健性

虽然扩张有助于企业提升收入规模并扩大用户基础,但若缺乏稳健的财务管理,可能导致资金链紧张,进而危及企业的正常运营。因此,企业必须重视并保持健康的财务状况,通过合理的资金规划和储备策略,为潜在的财务风险构筑坚实的

第四章
为什么许多创业者猝然倒在通往明天的路上

防线。

注重扩张中的平衡艺术

追求规模并不等同于盲目扩张。企业在拓展版图时，必须精心维系各方面的平衡，以免出现因迅猛增长而忽略核心客户群、员工队伍急剧膨胀等潜在问题。因此，企业应秉持稳健持续的发展理念，确保在扩大规模的同时，不失稳健与长远眼光。

精准定位目标市场

在谋划扩张之际，企业必须明确自身的目标市场，并深入探究市场的需求与机遇。缺乏市场调研与深入了解，贸然进军新市场，往往会导致失败，造成时间与资源的巨大浪费。因此，确保目标市场的合理性与潜力至关重要。

深化与客户的沟通交流

在扩张过程中，企业应始终保持与客户的紧密联系，倾听他们的声音，了解他们的需求与反馈，以确保产品与服务能够持续满足客户的期望。同时，积极与客户分享企业的发展蓝图与扩张规划，有助于他们更好地了解企业的前进方向，并增强对企业未来服务品质的信心。

不重视经营，每一步都是腥风血雨

 创富实话

顺风局谁上都行，只有逆风时，才能看出谁的翅膀更硬。

经济学中，收益与风险通常呈正向关系，受短期利益导向影响而忽视潜在风险的企业，虽可能暂时崭露头角，但长远来看，必败无疑。

以某燃气热水器厂为例，该厂厂长在推进新项目时，从一份报纸上捕捉到市场风向的变化，预示燃气热水器项目可能将失去市场优势。面对这一信息，该厂长十分纠结，难舍已经投入的资金。于是，他固执地认为，市场变化多端，短期信息未必预示未来趋势，市场需求或许会回升。因此，他决定继续投资。

然而，当再次投入数千万元资金，新项目完成时，市场需求并未如其所愿回升。相反，电热水器迅速侵占传统燃气热水器的市场份额，导致该企业收支失衡，资金链迅速断裂。

古人云："迨天之未阴雨，彻彼桑土，绸缪牖户。"在变幻莫测的世事中，对于突发变故，成大事者必须保持高度警觉。只有未雨绸缪，积极筹划，才能将风险扼杀在萌芽状态。尤其在事业风生水起之际，更需保持清醒，时刻警惕潜在危机。

在充满变数的创业征途中，创业者常常面临市场需求多变、资金链压力、技术难题的挑战，以及来自对手的激烈竞争。正因如此，精心制定一套行之有效的风险应急预案，对于创业者而言，是确保项目平稳推进、实现企业长远发展的关键所在。

爱彼迎（Airbnb）目前已是全球知名的在线短期租赁平台。然而，在2019年全球旅游业遭遇巨大冲击的背景下，爱彼迎同样经历了空前的挑战。

在危机初期，爱彼迎便迅速响应，启动了全面的应急策略，具体举措如下。

一是实施更为灵活的取消预订政策，旨在获得用户信赖。此项政策使得用户在特定情境下能够无忧取消预订，进一步保障了用户的权益。

二是设立了一项总额达2.5亿美元的基金，旨在为受到影响的房东提供经济援助，以弥补他们因为疾病危机而出现的收入损失，展现了企业对于房东的深切关怀与支持。

> 创富实话

三是积极探索并推进业务转型与创新。面对旅游市场的低迷态势，爱彼迎审时度势，推出了诸如在线体验等全新的产品线，以适应市场的变化和需求。

得益于这些迅速而富有成效的应对策略，爱彼迎成功克服了疫情所带来的重重困境，并于2020年年底成功上市，市值飙升至数百亿美元。

在这个信息高速传递的时代，外部环境变幻莫测，商业机遇也是转瞬即逝。因此，对于创业者来说，仅仅对创业项目进行前期的充分论证是远远不够的。他们还必须具备对创业后可能出现的各类风险进行准确评估的能力，并对这些潜在问题提出相应的应对措施。当不利的情况真正发生时，创业者能够从容不迫地启动预案，有效地进行风险应对。这包括：

竞标阶段的合理报价策略。在这个阶段，创业者需要深入研究与项目相关的所有资料，准确理解对方的真实意图，并对项目执行过程中可能遇到的经营风险进行全面评估。基于这些深入的分析，结合企业自身的实际情况，创业者才能制定出既具有竞争力又能确保企业利润的报价策略，从而避免盲目跟风或低价竞争带来的风险。

采取有效的技术措施、管理措施和经济措施。通过不断引入新的技术、优化管理流程和精准控制成本，企业能够有效地降低运营风险，增强自身的市场竞争力，并为可能出现的价格压力做好充分的准备。特别是对于人工费、材料费和机械费等关键成本的控制，更是需要企业采取精细化的管理措施，确保每一分投入都能产生最大的经济效益。

制定多维度风险应对策略。针对项目的具体状况和外部环境的不断演变，设计并实施灵活多变的风险应对策略至关重要。这涵盖风险规避、风险缓解、风险转移等多重手段，旨在全面应对各类潜在风险事件。通过精心策划和周密部署，我们能够确保项目在面临挑战时依然稳健前行。

构建高效沟通与协作网络。为了保障项目团队内部以及与业主方、供应商等关键外部利益相关者之间的信息流畅与准确，我们必须建立一套行之有效的沟通机制。通过加强团队协作，促进各方的紧密配合与协同作战，我们能够共同抵御项目风险，确保项目的顺利实施与高效推进。

持续自我优化与知识更新。在项目执行过程中，我们应始终保持敏锐的洞察力和强烈的进取心；通过不断总结实践经验，深刻汲取教训，能够持续优化风险应对预案，提升项目的抗风险能力。同时，密切关注行业动态与新技术趋势，积极学习并借鉴其他企业的成功做法与先进经验，有助于我们不断拓宽视野、提升实力，为项目的长远发展奠定坚实基础。

尤其应注意，在企业经营顺风顺水、业务蓬勃发展之际，经营者务必保持清醒的头脑，对有利的内外部条件进行冷静客

创富实话

观的分析,警惕其中的风险因素,切勿被一时的成功冲昏头脑,更不应被表面的繁荣所迷惑。市场犹如一只变幻莫测的巨兽,既能让你一夜暴富,也能让你瞬间跌落谷底。只有保持"不畏浮云遮望眼"的冷静与坚定,才能在变幻莫测的市场中灵活应变,稳健前行。

 财富进阶

风险应急预案的制定并非易事,它需要创业者对项目本身及所在行业具备深刻的认识。在此基础上,结合企业的具体状况,创业者需设计出既切实可行又富有针对性的预案。这一过程中,明确关键风险环节、制定应对策略、合理配置资源以及建立高效的沟通机制等均不可或缺。此外,为了适应外部环境的不断演变和企业自身的发展需求,风险应急预案还需定期更新与优化,并通过实战演练来确保其有效性。

要善于预测危机

在创业和经营过程中,企业运作深受社会、政治、经济及国际环境等诸多因素的影响。因此,在企业运作顺风顺水之际,洞察潜在的危机并非易事。创业者和经营者需具备广博的知识储备、敏锐的洞察力和缜密的思维逻辑。此外,特别要深入研

第四章
为什么许多创业者猝然倒在通往明天的路上

究国内外经济的历史变迁与趋势，探寻其中的规律，为危机预测提供坚实依据。例如，分析经济危机、能源危机、资源短缺等对企业可能造成的冲击与威胁，从中吸取过往企业在类似经济波动中失利的教训，以资借鉴。

事先做好周全准备

居安思危，未雨绸缪，此乃智者之行。为确保万无一失，我们必须将预先准备作为应对变幻莫测市场的基石。对于创业者和商人而言，这一点尤为重要。他们不仅需要关注主打产品，更应研发新产品，以备不时之需。如此，当某一产品市场遇冷时，便能迅速推出新产品，抢占市场先机。

构建综合应对策略

在风险面前，我们应运用多种科学手段，构建系统化的组合措施，以最大限度地降低企业损失。针对那些不可控的风险，我们应明智地选择回避，坚持规避不必要的风险。例如，所有商业活动都应在国家法律法规的框架内进行，充分利用法律武器保护自身的合法权益。

创富实话

强化内部管理机制

无论是规模庞大的万人工厂,还是精致小巧的只有一两个人的便利店,创业之初都必须构建坚实的内部控制体系。这包括完善各项规章制度,以预防并降低源自员工行为、资源配置、业务流程等内部因素所引发的潜在风险。

深入市场调研,审慎决策

在推进任何项目之前,必须进行全面深入的市场调研,并对项目前景进行严谨细致的分析。只有经过多次论证并确认其可行性后,方可稳妥地启动项目。

精准营销,实现商品高效流转

在市场经济的大环境下,经营者的生存与发展之道在于确保商品能够快速、有效地流通,避免积压。为此,除了在产品质量和设计上下功夫外,更需运用精湛的营销策略。依据营销学原理,经营者应深入挖掘并满足消费者的需求,以实现盈利目标。在整个营销过程中,促销活动是缓解危机、提升销售的重要环节。即使是品质卓越、设计新颖的产品,也需借助有力的促销手段来拓宽销路，实现优价销售。

保障资金安全，规避经营风险

在经营活动中，风险是无处不在的。为了确保在盈利的同时降低风险，经营者必须严格遵守合约规定，避免进行无担保的赊账交易。若客户要求赊账，则应要求其提供相应的银行担保或物业抵押等保障措施，务必杜绝仅凭口头承诺或所谓的"君子协定"进行交易的行为，以确保资金安全，规避不必要的经营风险。

风险共担策略

合作创业不仅是一套系统性的商业模式，它更是一种分摊潜在风险的高效策略。在条件允许的情况下，逐步扩展或采用多元化的合作模式能有效地将风险分散至多个领域，从而显著减少单一风险点的冲击。同时，选择合适的合作伙伴或方式也能显著缓解个人在创业过程中所承受的风险压力。这种风险共担的策略为创业者提供了更稳固的基础，使得创业之路更加稳健、持久。

创富实话

全力降低潜在风险

对于那些无法轻易回避的风险,我们应努力寻求降低风险的途径。例如,企业可以建立风险预警机制和风险控制体系,以便及时发现并应对潜在风险。同时,紧跟国家政策导向,了解新的政策信息,也是降低风险的重要手段。在研发新产品之前,进行充分的市场调研和方案优选,以及灵活应对市场变化,都是减少风险的关键环节。创业企业还可以通过多元化经营,如金融、证券投资等领域的多元化组合,来进一步分散风险。

第五章

将个人品牌化,
用企业思维经营自己

想赚大钱,先设一个具体的"营收目标"

 创富实话

没有目标的人生是无聊、可悲的。不过,有了目标但方法错误或者不切实际,也难以体现一个人的人生价值。

企业的发展战略应以企业愿景为基石,全面发挥自身优势,并对可利用资源进行科学而合理的调配。同样,个人的成长与发展亦需以自身梦想为指引,依据个人优势和专长来精心规划。

当你对自身的期望与追求有了清晰明确的认知,即明确了自己渴望成为何种人、向往何种生活之后,如何高效地分配你的时间、精力和天赋,将成为构筑你独特生活策略的关键。探寻实现梦想的路径,无疑是战略规划对个人生活的深刻启示。

曾听一位友人说,他在孩提时代便梦想成为企业家。在如今这个经济建设如火如荼的时代,拥有如此志向固然值得称赞,

第五章

将个人品牌化，用企业思维经营自己

然而，成为企业家更需要具备明确且强大的目标作为牵引力。

后来友人坦言："尽管我已经创立公司，做了老板，但面对瞬息万变的市场，很难预料三个月后，或许在未来，我是不是会消失在这片红海之中。"

说实话，诸如此类的创业者并不少见。且不论他们对市场的态度是乐观还是悲观，单凭这种缺乏长远规划、过一天是一天的心态，他们的未来发展就很难被人看好。

不夸张地说，世间所有的成就与财富，都源自一个初始的意念。当一个人缺乏坚定的决心时，即便是微不足道的阻碍也能将其绊倒；只有那些心怀坚定信念、抱着"一定要"态度的人，才能无惧任何挑战，勇往直前。汽车业巨擘亨利·福特则向我们揭示了一个朴素却至关重要的成功秘诀："相信自己能做到，或者相信自己做不到，你都是对的。"

现在，请诸位准备一张纸，详尽列举出你所了解的、实现目标所必须满足的各项条件；同时，明确你目前所持有的资源和优势，并识别出为实现理想生活所需解决的关键问题。通过这样的梳理，你便能够清晰地了解下一步的行动方向。

在此基础之上，请简洁地制订一份"计划"草案，并对其进行持续优化和完善。此步骤的核心在于，确保所采取的行动均符合长期战略规划的要求。

以下是一个简化的范例。

创富实话

愿景：在未来十年内实现财务自由，并成为行业内备受尊敬的专业人士。初步计划：在未来十年内，我将完成资本积累，实现资产增值，如增加房地产和金融产品等投资性收入；同时，我将致力于提升个人专业素养，力求成为行业领军人物。具体行动计划：每月投资5000元人民币用于金融产品；五年内购置第二套房产，以获取稳定的租金收入。此外，每日坚持撰写3000字的工作心得和专业知识总结，通过公众号分享，并根据读者反馈进行调整和完善。目标是在发布一年内将这些内容整理出版，获取版税收入，并借此确立自己在行业内的专家地位。当然，规划虽好，执行才是关键。为什么有人制订了详尽的计划却难以实施，有人却能稳步推进？其中的差异在于，仅有计划并不等同于有效执行。为了确保你的人生目标得以实现，为自己设定一套科学合理的考核机制至关重要。

也就是说，对于每一个既定的目标，我们必须为其设定清晰的完成时限与达成标准。当目标得以圆满实现时，我们理应赐予自己一份应得的奖赏，以此作为对自身努力的肯定与激励。若目标未能如期达成，则必须承担相应的惩戒，以示自省与鞭策。企业的辉煌成就值得庆祝，对于个人而言，在达成目标后给予自己一份厚重的奖赏同样至关重要。这份奖赏或许是一个久违的长假，或许是那辆梦寐以求的座驾，又或许是一次随心所欲的旅行。

第五章
将个人品牌化，用企业思维经营自己

然而，我们必须正视一个现实：除了那些拥有坚如磐石意志力的人外，大多数人在执行计划与接受惩罚时，往往难以做到始终如一。毕竟，自我监督的力量是有限的。在这种情况之下，我们可以寻求他律的助力，以此推动自己坚定不移地执行计划。

 财富进阶

古人云："求其上者得其中，求其中者得其下，求其下者无所得。"许多人将目标视作不切实际的幻想或空洞的激励，却未曾深思那些辉煌成就背后的原动力。殊不知，正是这些被视为"画饼"与"鸡汤"的梦想，孕育出一个个伟大的奇迹。当然，我们也需掌握科学的方法，去辨识并汲取这些梦想与激励中的养分。

设定目标首要追求的是具体明确性

设定目标时，我们必须摒弃宽泛的表述，而应聚焦一个明确的点。这如同使用放大镜汇聚阳光以点燃纸片，唯有将焦距精确对准纸片，方能引发燃烧。若频繁移动放大镜或无法准确对焦，纸片将无法点燃。

此理同样适用于构建宏伟建筑。设计图纸绝不能仅呈现大概轮廓或模糊不清的构想，而必须在面积、结构、样式等各个

> 创富实话

维度均具备明确性和特定性。我们的目标应通过详尽的细节得以展现，以免因过于笼统而难以实施。

具体来说，创富者不仅要明确"我要完成什么任务"，更要细化到"我何时完成"以及"我如何完成"等具体步骤。这样的目标落实，需分阶段、有条不紊地推进，以确保每一环节都紧扣最终目标，从而在逐步实现它的过程中不断积累成功。

目标的可衡量性不可忽视

为避免目标过于宽泛或虚幻，我们必须精心设计并量化每一个小目标，使其具备可评估性。如此一来，不仅降低了最终目标的实现难度，还提高了成功概率。

目标的可达成性至关重要

我们往往将欲望与需求混为一谈，从而难以洞察事物的真正本质。然而，这种混淆会导致我们对成功的定义产生扭曲。因此，将真正的需求与那些仅是欲望对象的事物进行明确区分显得尤为重要。

通过深入剖析和明确区分欲望与需求，我们能够更加精准地识别出真正对我们有价值的目标，并据此制订出更为有效的行动计划。

第五章
将个人品牌化，用企业思维经营自己

换言之，一个卓越的想法若无法落地实施，便如同镜中花、水中月，可望而不可即，那也只能称之为欲望。因此，制定目标时，我们必须充分考量自身的实际能力与资源条件，做到量力而行。尤其对于资产微薄的创富者，更应审慎制定目标，避免盲目追求利益或过分高估自身实力而招致失败。

目标的时间限制需严格执行

没有时间限制的目标往往容易沦为空谈或拖延的借口。因此，一经设定目标，就必须制定相应的时间表，并严格按照既定计划去执行。在这方面，实际行动远比空洞的纲领更为重要，尤其是对于小资本经营者，执行力是其成功的关键。

压制散漫基因，制定个人专属的"规章制度"

 创富实话

财富青睐有原则的人，因为这样的人可以被"预期"。

在威斯敏斯特大教堂的幽深地下室中，英国圣公会主教的墓碑上镌刻着一段发人深省的铭文：

在青春的岁月里，我怀揣着无限的憧憬，渴望以自己的力量改变整个世界。然而，随着岁月的流转，我逐渐领悟到这个世界的复杂与不可改变。于是，我缩小了视野，期望至少能改变我的祖国。但随着时间的推移，我发现即使是一个国家的改变也超乎我的能力。当生命的黄昏降临，我怀揣着最后一丝希望，试图改变我的家庭、我的亲人。然而，他们却固守自己的方式，不愿接受任何改变。

第五章

将个人品牌化，用企业思维经营自己

如今，在生命的尽头，我才恍然大悟：倘若我从一开始就致力于改变自己，或许我就能影响我的家人。在家人的激励与支持下，我可能已经为我的祖国带来了转变。而未来，谁又能预料呢？也许，我原本就拥有改变整个世界的力量。

这正与我们古老的智慧相呼应：修身、齐家、治国、平天下。一切伟大的事业都始于自我的管理与提升。当你学会驾驭自己的内心与行为，你便踏上了成为人生赢家的征程。

如果你希望在自己的一生中有所作为，那么就应该研习一下管理之道，像经营一家企业般精心打造自己。学习管理的益处远不止于知识的积累，它更能潜移默化地提升你的思维方式和行为模式。这种深刻的变化如同细雨润物，悄然无声却孕育着巨大的力量。

此外，你将会发现，管理知识并非仅限于在企业运营中的应用，它同样能为我们的人生规划提供宝贵的指导。

管理，本质上是对有限资源进行高效且合理的配置。这一过程中，我们需要一个宏大的愿景作为指引，需要制定明确的战略来逐步实现这一愿景，同时也需要建立起一套约束和激励机制，以确保战略的有效执行。

经营企业与规划人生的核心理念在这几个关键点上高度契合。因此，运用管理思维来筹划我们的人生道路，无疑会使我们更出色地担任自己人生设计师的角色，创造出更加精彩纷呈

的未来。

 财富进阶

"吾日三省吾身",人生的冷暖唯有自知,而恒久不变的人性也需自我明晰。

从本质上讲,人类是一种自视甚高、以自我为中心的生物群体,这一特点在历史长河中被充分展现。然而,若人类想要持续发展,就必须克服自身的弱点,充分发挥自身的优点。这是每个人都应该深刻认识到的事实,也是自律性的核心价值所在。

塑造个人治理结构可以借鉴公司治理的模式,如法人治理结构、股东大会制度等,来构建自己的管理体系。我们需要明确个人目标,并设立相应的监管机构——亲人、朋友,甚至是专业的导师或顾问,他们可以像董事会一样提供指导和监督。

同时,我们要制定明确的奖惩机制:未完成任务时,应有相应的惩罚措施,如减少娱乐时间等;当阶段性目标达成时,也应给予自己适当的奖励,比如一场旅行。这些规则都应明确并书面化,以便随时提醒自己。

第五章
将个人品牌化，用企业思维经营自己

打造个人组织架构

可以参考企业组织架构的多样性，根据自身的特点和目标，设计出适合自己的发展路径。例如，我们可以要求自己一年内达到"经理"级别的能力，五年内拥有"董事长"级别的素养。这样的层级设定不仅能帮助我们清晰地规划自己的职业发展，还能有效解决焦虑和无所事事带来的困扰。每个层级都应有明确的标准和要求，以便我们持续努力并不断提升自己。

进行个人财务管理

创造了一定的资产后，很多人控制不好自己的物欲，这就需要我们极度自律。

理财方面，我们可以选择稳健的金融产品，如定期存款、债券等；投资时，则应考虑多元化投资以分散风险，比如股票、基金、房地产等。我们也要考虑寻找志同道合的伙伴共同投资，以减轻风险。在经济紧张时，我们应提前规划好资金周转策略，如利用信用卡的免息期、申请小额贷款等，以应对可能产生的资金缺口。

创富实话

人人都是CEO，把自己当成品牌去运营

 创富实话

无论真实的自我是何般模样，"你呈现的形象"总会在他人心田刻下深深的烙印。他们将以这份印象为尺，来衡量你。

在市场经济中，"品牌"这一概念已经渗透到商业发展的每一个角落。它通常与商品的质量、信誉和市场份额紧密相连，成为衡量商品价值的重要标尺。然而，鲜为人知的是，品牌的概念同样可以引申到个体身上。在日常生活中，我们经常可以听到关于某人性格、能力和品行的评价，这些评价无形中构成个人的品牌印象。

这就好比一场求职面试。也许你尚未开口陈述，但面试官在翻阅你的简历与照片时，便已对你形成某种初步印象。这种印象，往往在很大程度上决定了你是否受人欢迎，以及你在未

来职场中的发展是否顺畅。

在这个信息爆炸、节奏飞快的时代，人们的注意力难以长时间集中。因此，精心打造一个优质的个人品牌形象显得尤为重要。其意义主要体现在以下三个方面。

首先，它有助于加深别人对你的印象。诸如乔布斯的标志性黑色高领毛衣，或是达利那独特的胡子，这些都成为他们个人品牌形象中不可或缺的一部分。这些鲜明的标签能够将你与他人迅速区分开来，使你在众人之中脱颖而出，更易于被人们记住。

其次，良好的品牌形象能够提升你的个人魅力。一个精心打造的个人品牌形象就如同一张亮丽的名片，能够有效提升你的个人影响力，为你的人生开辟更多新的可能。

最后，我们来深入探讨一下良好的品牌形象如何提升个人价值。

精心塑造的个人品牌形象，其实是自我展示的窗口，它能够让你在社交场合中有选择地展示出你最希望他人看到的那一面。通过这一过程，你能够更加清晰地认识和定位自己。

举个例子，假设你希望自己在职业生涯中成为一名专业的金融分析师，那么，在你的品牌塑造中，你要强调自己的分析能力、对金融市场的深刻理解以及严谨的工作态度。这样的人设不仅会让你在行业中建立起专业、可靠的形象，获得大量资

创富实话

源，同时也会促使你不断学习和进步，以符合这个形象所设定的标准。

在这个意义上，优质的个人品牌形象成了一种自我驱动的力量，它推动着你不断向更高的目标迈进，从而在实现个人价值的同时，也提升了你的社会价值。因此，我们可以说，优质的品牌形象不仅是一个表面的标签，它更是一种内在的自我提升和自我实现的过程。

理解了个人品牌形象的重要性之后，我们再来探讨一下如何把自己塑造成一个成功的品牌。这里有一套行之有效的公式：

人设 = 个人定位 + 角色类型

个人定位，就是自我价值的体现与独特风格的彰显。在选择塑造一种人设之前，我们如同一张待绘的白纸，拥有无限的可能，可以随心所欲地成为任何人。然而，在这繁多的选择中，难易程度自然有所不同。

譬如，你性格内敛羞涩，那么要扮演一个狂放不羁的朋克青年便显得力不从心；同样，你月薪仅够温饱，那么装作富贵多金的样子便显得虚荣不实。

因此，选定角色类型之前，我们需先深入剖析自我，明确自己的定位。你可以尝试将自己的特点与感受诉诸笔端，再向周遭亲友探询他们对你的印象，从中提炼出一个独特的亮点，精心包装，这便是你的个人定位。这一过程如同雕琢璞玉，需

第五章
将个人品牌化，用企业思维经营自己

要细心与耐心。

 财富进阶

一个人的品牌形象良好，意味着他在公众视野中具有高度的信誉和认可度，他就可以像商品一样，收获大量流量，并以此为基础，扩张事业，获取财富。相反，个人品牌形象受损则可能意味着信任危机和社交障碍，如同失信企业一样，一败涂地。因此，打造和维护个人品牌显得至关重要。

那么，如何精心雕琢自己的个人品牌呢？其实就两点。

确保品牌形象不受损害

具体来说，我们必须竭力避免给人留下负面印象，如**懈怠**、取巧、不诚实、漠然、争斗或狡猾等。因为这些负面特质一旦与个人品牌挂钩，即便实际情况并非如此，也会严重损害他人对我们的信任度。在关键时刻，这些不利的品牌印象甚至可能引发无法挽回的后果。

与商品品牌一样，个人品牌形象一旦形成，便难以改变。正如我们曾因一次不愉快的购物经历对某个商品的品牌失去信心一样，人们对我们的印象也往往源于一次性的交往或观察。因此，我们必须时刻保持警觉，以诚信和专业素养为基石，通

> 创富实话

过每一次的交往和表现来不断塑造和巩固自己的品牌形象。

主动提升品牌形象

这需要通过多元化的策略,精心塑造你在公众心目中的专业形象,类似于商品营销中的广告宣传。虽然有一些方法,如刻意制造事件以吸引新闻关注或成为行业内的热议话题,但这种方式需要进行严谨的策划,实施难度较大,风险较高,因此并不推荐。相反,有一种更为稳妥有效的方式可以实现品牌形象的提升,那就是充分展示你的优势,同时巧妙地规避或改进你的不足。当你的专业能力和优点得到广泛认可时,人们自然会忽略那些无关紧要的瑕疵。

实际上,个人的品牌塑造与商品品牌建设有着异曲同工之妙。对于商品而言,只要保证质量过硬、价格公道,就能赢得消费者的信任,从而建立起坚实的品牌形象。同理,做人也是如此。只要我们诚实守信、勤奋努力,不断提升自己的专业素养和综合能力,就能把个人品牌顺利建立起来。

第五章
将个人品牌化，用企业思维经营自己

收敛你的刚愎自用，"独狼"没有生存空间

 创富实话

一个人若缺乏自省，往往容易陷入自满、傲慢、固执与独尊的泥潭。这些弊端一旦出现，团队领袖将迅速失去团队的拥护与尊敬。没有坚实的群众基础，单凭一己之力，事业势必会轰然倒塌。

许多财富追求者在取得初步成功后便开始自鸣得意，甚至对待伙伴们的态度发生剧变，仿佛成了土皇帝，对团队成员招之即来、挥之即去。这种做法最终只会让他们陷入孤立无援的境地。

威廉·肖克利，这位在科研领域屡获成功的杰出科学家，却在创业道路上遭遇了滑铁卢。其创业失败的根源，显然与他作为管理者的领导风格密不可分。长期在科研领域的顺风顺水，

> 创富实话

使得肖克利形成了独断专行、目中无人的领导风格，对于任何异议或建议都充耳不闻。

凭借自身的名望与人脉，肖克利的公司一成立，便成功吸引了全美知名、前沿的半导体专家团队加盟，其中就包括后来发明集成电路、创立 Intel 的传奇人物罗伯特·诺伊斯。

然而，无论团队多么优秀，肖克利都坚持公司的产品方向与制造工艺必须由他一人定夺，其他团队成员的意见被完全忽视。他多次否决了诺伊斯等人关于二级晶体管、集成电路等创新方向的开发提议，这不仅扼杀了团队的创新精神，更导致他们错失荣获诺贝尔奖的宝贵机会。肖克利的这种管理方式，无疑为公司的失败埋下伏笔。

肖克利在公司经营和管理领域缺乏实战经验和远见卓识，然而，他的事业野心和商业企图却相当庞大。这种失衡导致公司的产品方向频繁变动，甚至在成立一年多之后都未能推出任何产品。据公司员工、后来提出摩尔定律的戈登·摩尔回忆，1955 年，肖克利曾豪言要生产出每只成本仅 5 美分的晶体管，但这个目标直至 1980 年全球范围内都未能实现。这一计划的失败迫使公司转向基础研究。然而，肖克利种种朝令夕改、半途而废的战略决策，严重恶化了他与投资人贝克曼之间的关系。

再者，肖克利像许多科学家一样，对产品的追求达到了完美主义的程度。他坚持认为公司的产品必须超越其老东家贝尔

第五章
将个人品牌化，用企业思维经营自己

实验室，甚至要更加精致与完美。然而，市场的瞬息万变和时间的紧迫性并不允许他从容实现这一理想。最终，资本市场对他失去耐心，转而寻求技术更为稳定、效费比更高的解决方案，肖克利被无情抛弃。

肖克利公司的后续命运因"硅谷八叛徒"事件而广为人知。在迅速获得注资的背景下，罗伯特·诺伊斯领衔的八位肖克利公司科学家一同离职，创立了仙童半导体公司。肖克利愤怒地称他们为"可耻的叛徒"。

"仙童半导体"的成就远超肖克利半导体实验室，它与诺伊斯后来创立的 Intel 共同引领了一个崭新的时代。肖克利及其实验室在八位核心成员离职后，再也未能恢复元气，最终只能黯然离场。

人的能力总是有限的，决策和管理却需要涉猎多方面的信息。在瞬息万变的现代社会，新事物层出不穷，知识和信息呈现爆炸式增长。即便再聪明的人，也难以全面掌握这千变万化的信息。其结果，很可能会因信息掌握不全面而导致决策过程非理性化，从而无法保证决策质量。

老子曾言："信言不美，美言不信。"此对于团队领导者而言，颇具深意。

团队领袖首先应具备气度与雅量，能够辩证地看待并接纳不同意见，而非对异议抱有成见。在团队发展中，领导者须秉

创富实话

持实事求是的精神，胸怀宽广，度量宏大，在倾听各方声音时，需具备敏锐的辨别力，以区分真诚之言与虚伪之语，识别金玉良言与别有用心的谗言，辨别实在话、空洞无物的废话以及夸大其词的大话。

团队领导者若能放下身段，增添几分人情味，以真诚待人、平易近人，则必能以己之真情换取部属之真心。这才是领导艺术的真谛所在。

财富进阶

诸位应时刻提醒自己，个人仅仅是事业的一部分，事业的结果并非仅由一人之力所能决定。学会与他人合作，虚心听取他人意见，摒弃独断专行的做法，是让事业更上一层楼的关键。通过集思广益、汇聚众智，我们能够更好地应对复杂多变的市场环境，做出更明智的决策，从而推动事业持续发展。

反省法

它是通过回顾与深思个人言行，以完成自我认知与自我评价的重要方法。诸如撰写日记、总结归纳，以及进行独立思考等活动，均隶属此法范畴。其精髓在于，通过不断的自我审视，促进个人成长与发展。

第五章
将个人品牌化，用企业思维经营自己

对照法

它是为自己设定明确的行为准则，时常以此为准绳进行自我检查的方法。其中，更为简洁、实用的形式便是采用"座右铭"的方式。个人可根据自身追求的方向或亟待改正的缺点，精选警句名言，书写后置于显眼之处，如室内挂墙或办公桌玻璃板下，以便随时提醒自己，鞭策自己不断向前，改正不足。

比较法

这是一种在人际交往中，通过相互之间的了解与比较，从而形成对自我认识和评价的方法。正所谓"无高山不显低谷"，他人的优点往往成为我们衡量自身的标尺。财富追求者在日常的工作、学习和生活中，应当时刻保持敏锐的观察力，发现他人的闪光点，并将自己的言行与他人对照。特别是与那些优秀的团队领袖进行比较，从而更清晰地认识到自己的短板与不足，努力向他们看齐。在这个过程中，不断修正自己的缺点，实现自我提升。

创富实话

别任性，脾气和财富从来成反比

 创富实话

脾气和财富就像一对冤家，此消彼长，你弱它强。

有钱人都知道"和气生财"，但未必每个求富者都能践行此言。很多人甚至家里摆着"制怒"的座右铭，可事到临头，便压不住，因此错失良多机遇，让本可轻易到手的财富从指间轻易溜走。

即便是情绪稳定的人，也有可能面临心态失衡的风险。因此，我们必须在工作开始之前就学会将负面情绪阻隔在心门之外。

负面情感起初往往只是些微的、看似无足轻重的烦恼。然而，如若放任不管，它们便会逐渐加剧，最终汇集成一个巨大的情感旋涡。

要冷静地识别这旋涡的初始波动，以遏制其演变为更剧烈

第五章

将个人品牌化，用企业思维经营自己

的情绪波动。举例而言，若某事触怒了你，切勿陷入"他人太过，欺人太甚！"的思维，而应提醒自己"此人或许有意挑衅，但我不能因小事而误了大事"。

要对付那些棘手的情绪，关键在于对每一种情绪进行明确标定。能够细致地描述并区分诸如愉快、满足和激动等复杂情绪，这在心理学上被称为情绪的颗粒度。在追求成功与财富的道路上，合理运用情感颗粒度能让我们更深入地认识自己。比如，当你初步感受到"我很生气"时，进一步探究可能会发现，你真正的感受是"我绝不退让，分毫不让！"这样的洞察有助于我们更好地管理和调控情绪。

老贾所在的公司曾多次尝试与一家知名化妆品公司建立合作关系，均未成功。不过，在老贾的不懈努力下，对方终于松了口，表示愿意与他们强强联合，但前提是，必须在广告宣传中加入他们公司的名字。

这一要求遭到老贾公司高层的反对。他们愤怒地认为，这样做是在为他人作嫁衣。谈判因此再次陷入僵局，而对方只给了两天的考虑时间。

老贾找到公司高层，力劝他们抓住这次难得的机会。尽管高层依旧大发雷霆，认为这是一种强势的欺凌行为，但在老贾的耐心解释和坚持下，最终同意了合作条件。

事实证明，老贾是正确的。这次合作使公司的业绩飙升，

创富实话

产品销量直线上升,老贾也因此晋升为业务总经理,薪资待遇拔高了一大截。

不论争执的焦点是权力与控制,还是尊重与认同,抑或是亲近感的缺失,每当我们面临异议或需要提供负面反馈时,往往会在情绪的驱使下,采取最为不利的应对方式。这种倾向不仅加剧了矛盾的升级,更有可能将原本微不足道的争执演变为一场全方位的冲突。因此,我们必须学会在情绪高涨时保持冷静与理性,以避免小分歧演变为全面的对立。

脾气人人都有,发脾气是本能,把脾气压下去才是本事。

正如《华严经》所言:"一念嗔心起,百万障门开。"愤怒就像有毒的火焰,既伤害他人,又损害自己。那些能够驾驭自己情绪的人,更有可能打开通向财富与成功的大门。

财富进阶

在追求财富的过程中,决策时的分歧和争执是难以避免的。然而,你可以在发生冲突时调整你的应对策略——选择以平和的方式应对,而非激烈的对抗。以下策略或许能为你提供帮助。

聚焦于正面成果

建议你列出一份清单,每日记录下与客户、合伙人、团队

第五章
将个人品牌化，用企业思维经营自己

成员达成的积极协议，或你们之间发生的积极互动，重视每个人对于事业的贡献。关注他们所做的对你有所帮助的事情，并认识到没有他们的协助，你将无法实现某些目标。

认清你的冲突应对策略

我们每个人都有自己独特的冲突处理方式，有些人可能倾向于激烈反击，有些人则可能选择回避。但过度的退避可能让对方因你的沉默而更加焦虑。因此，了解你和你与关系人各自的冲突处理风格至关重要。在下次小型冲突发生前，进行一次沟通，以便更好地共同管理情绪。

避免使用绝对化的措辞

应尽量避免诸如"绝不可能"或"你死心吧"这样的表述。人们往往容易将自己的经历和感受当作普遍事实，并在指责对方时将其视为一直如此。为了更准确地沟通，我们需要摒弃这种绝对化的表达方式。

让你的语言更简洁。在表达不满或愤怒时，尽量将话语控制在 10 秒以内。过长的抱怨列表往往导致听众只关注其中一点进行反驳。因此，保持简洁，给对方留下反馈的空间，这样更能促进有效的沟通。

第六章

创富不能单打独斗,学会互联才能赚钱

学会向上社交，懂得向下赚钱

 创富实话

所谓向上社交，就是心里有谱儿，什么人能够带动自己成长，什么人可以在最短时间内为自己创造最大收益，从而将财富快速积累起来。

无论是寻找就业机会还是创业发展，倘若缺乏一个恰当的社交圈子，你便可能错失生活中的众多机遇与财富。那么，是否存在一种系统化的方法，能够帮助我们提升有效社交的能力呢？

答案是肯定的。简而言之，就八个字——"向上社交，向下盈利"。

为什么要强调向上社交呢？

向上社交，即与那些在地位、影响力和职位上超越我们的人建立联系，如领导者、专家和企业家等。他们不仅可能为我

第六章
创富不能单打独斗,学会互联才能赚钱

们提供更多的发展机会,还有助于我们开拓新的商业领域,以及获取各种资源。

说得直白一点,通过向上社交,我们能够以全新的方式与那些对我们成功具有决定性影响的人建立稳固的关系。

徐志摩自幼便显露出与众不同的天赋。然而,一直到15岁,尽管对文学的热爱如火如荼,他却始终未能在文学领域取得显著的突破。那时的他,怀揣一颗对文学炽热的心,急切地期盼着能有高人指点迷津。

当听闻梁启超的大名时,徐志摩心中的拜师之火被瞬间点燃。梁启超,不仅是民间蜚声的良师,更是文学界的佼佼者。对徐志摩而言,若能拜其为师,无疑是踏上了通往文学殿堂的捷径。

然而,拜师之路并非坦途。徐志摩深知,要赢得梁启超的青睐,绝非易事。他冥思苦想,寻求接近这位文学巨匠的契机。终于,他得知自己的表舅与梁启超关系不错。这一消息如同久旱逢甘露,让他看到了拜师的希望。

他迫不及待地找到表舅,倾诉自己拜师的渴望。在与表舅的交谈中,他的言辞恳切,充满对文学的热爱与追求,对长辈的恭敬之情更是溢于言表。这份执着与热情,深深打动了表舅的心。

在表舅的引荐下,徐志摩终于得以踏入梁启超的府邸。正是这次拜师，使徐志摩得以成就如今在诗坛上的地位。

真正厉害的人，都深谙向上社交之道，他们在此找寻真正的愉悦与满足。更为重要的是，他们精通将这些珍贵的社交关系巧妙转化为财富的秘诀。

那么，我们又该如何解读"向下赚钱"这一概念呢？

试问，你想不想赚巴菲特的钱？想，但你赚不到。

普通人想要获取更多的财富，关键在于提升自身的认知水平，进而去赚取那些认知与见识相对有限的人的钱。这是利用信息与资源的差异来赚取利润。随着你的智商与情商的不断提升，你能够驾驭的群体愈发广泛，随之而来的收益也将日益丰厚。

以短视频博主为例，他们或许在直播间里传授网店经营之道，或许分享图像处理的小技巧，又或许是展示制作地道小吃的独门绝技。这些事情真的需要高深的学历背景吗？真的需要掌握繁多的技能吗？

其实不然，关键在于你能否持之以恒地分享你的专业知识与技能，哪怕只是其中的一小部分。因为总会有人渴望学习这些新鲜的知识与技能，并愿意为此付费。

"向上社交，向下赚钱"的理念蕴含着深刻的智慧。它不仅打破了团队的固有界限，更在商业与职场的广阔天地，以更为宏大、精细、复杂的姿态绽放光彩。这一理念的有效运用，将助力我们构筑起更为坚实的人脉网络,捕捉到更多的商机。这种思维方式与经营策略,对于整个商业及职场环境,其价值不言而喻。

 财富进阶

向上社交与向下盈利,两者存在一种双向效应,它们之间的相似性值得深思。在积极寻求向上社交的过程中,我们往往能够发掘并创造崭新的机遇,为个人的成长与发展铺平道路。在努力向下兼容时,我们则学会了理解和尊重他人的文化背景。这不仅丰富了我们的视野,也为我们增添了更多的智慧,进一步拓展了交流的边界。

保持这种双向的交流显得尤为关键。它不仅有助于我们深化人际关系,为商业合作奠定坚实的基础,更是确保商业和职场长期存续的有效策略。通过这种双向效应的巧妙运用,我们能够更好地应对各种挑战,推动个人与事业的持续繁荣。

别怕给别人找麻烦

高端且能带来财富的人脉,通常更倾向于那些乐于分享、懂得利他的人。因此,想要向上社交,我们就要有勇气麻烦那些更厉害的人。事实上,这种看上去有点拙劣的方法的确能够给我们带来机遇。毕竟，人际关系都是由互助开始建立的。

不过，关系一旦建立，我们就应该通过展现自身的价值来维护和深化它。这包括我们的专业技能、解决问题的能力，以及能满足对方哪些需求，等等。说到底，人脉的本质是价值和资源的互换，是一种相互成就的关系。也就是说，只有当我们对他人有价值时，他人才会持续地与我们交往，并为我们提供新的赚钱机会。

主动结交比你更厉害的人

要实现向上社交，就必须挣脱现有社交圈的限制，积极去开辟更广阔、更多元的社交领域。例如，通过跨行业、跨领域的交流，结识各行各业的领军人物，或是通过参与各类线上线下活动、高层交流会等，来扩大自己的社交圈。当你的社交圈变得更加宽广，接触到的人更多样化时，你自然会有更多机会遇到杰出的人才。

人际交往的根基，在于彼此价值的互补。向上社交同样遵循这一原则，你需要满足对方的某些需求，或是为对方提供一定的价值，这样对方才可能愿意与你建立联系。

在结交比你更出色的人时，使用小手段或套路是行不通的，因为这些很容易被人识破，甚至可能产生负面效果。相反，展现你的真诚,并主动向对方展示你的价值和潜力,这样才能赢得对方的认可,从而实现真正的向上社交。

努力精进自己的各项技能

直观解释一下:如果你的能力达到高阶水平,那么,你是不是就可以教导那些初阶水平的人如何迈入中阶呢?这就是能力变现。

在这个过程中,你不仅要持续精进自己的专业技能,还需积极深耕新兴领域,探索创新的商业模式和策略。试着将这些新元素融入你现有的项目中,或许,你就能够实现利润的成倍增长。

归根结底,只有不断提升个人能力,你才有本事更广泛地吸纳和利用各种低于你当前水平的资源。赚钱,从表面上看是银行账户数字的增加,但深入剖析,它其实是个人能力的直观体现。你的能力越强,能汇聚的资源自然越丰富,金钱仅仅是这些资源的一种表现形式而已。

一个越来越有钱的方法：借鸡生蛋

 创富实话

如果你有本事借来鸡，就可以源源不断地生出蛋，然后衍生出一座养殖场。

想赚钱的人数不胜数，然而，很多人即便找到一定能够赚钱的构想或项目，却常常因为缺乏启动资金而束手无策，最终只能望洋兴叹。倘若当时他们的思维再开放一些，想到"借鸡生蛋"，结果可能就大不一样了。

所谓"借鸡生蛋"，即巧妙利用并整合各方资源，借助他人之力，实现自己的创富目标。举例说明一下：

假设你在年初从他人那里借用了一只母鸡，到了年底，这只鸡共产下120个蛋。在归还母鸡时，你给对方50个蛋作为利息，同时扣除喂养这只鸡所消耗的20个蛋的成本，那么你还能净赚50个蛋。出借母鸡的人也会因为获得超出预期的回报

第六章

创富不能单打独斗，学会互联才能赚钱

而感到满意，未来若有类似的机会，他很可能还愿意再次出借。但倘若你当初没有选择借鸡，这额外的 50 个蛋的收益便无从谈起。

这就是借鸡生蛋的基本逻辑。

或许有人会问，既然这只鸡一年能下 120 个蛋，为什么鸡的主人愿意只收取 50 个蛋的利润，而将赚钱的机会借给你呢？这个问题问得好。实际上，没有谁会无缘无故地让利给他人。关键在于，鸡的主人可能并不擅长饲养，如果由他来喂养，这只鸡一年可能只能产下 30 个蛋。而现在，通过借出母鸡，他不仅能够省去饲养的麻烦，还能多获得 20 个蛋的收益。这种双赢的合作模式，自然是双方都乐于接受的。

事实上，在商业世界中，许多如今声名显赫的企业家在创业初期并没有雄厚的资本基础。他们能够获得成功，很大程度上归功于这个"借"字的巧妙运用。这种策略的运用之妙，全在于个人的智慧和创造力。

1984 年，洛杉矶奥运会的热浪逐渐升温。彼时的李经纬只是一家小酒厂的厂长，但他却敏锐地嗅到了商机的芬芳。李经纬得知奥运会的运动员急需一种运动饮料，然而出于对奥运会这种在当时被视为赔钱项目的不信任，没有一家厂商愿意为其提供赞助。

李经纬觉得，自己的机会来了！

创富实话

　　资金短缺，技术匮乏，并未能阻挡李经纬追逐梦想的步伐。他灵机一动，决定运用"借鸡生蛋"的策略。于是，李经纬找到广东体育科研所，与一位研究员谈下合作。研究员负责在实验室里调配运动饮料配方，李经纬则负责将这一产品带向市场。

　　这款运动饮料就是时至今日仍在市场上热卖的健力宝。这一次，李经纬巧妙地借助他人的智慧和技术，为自己的事业插上了腾飞的翅膀。

　　然而，市场的认可并不是一蹴而就的。即使健力宝已经研发成功，但它仍需要在竞争激烈的市场中披荆斩棘、脱颖而出。这时，李经纬再次展现了他的商业智慧。他紧紧抓住亚足联在广州开会的契机，成功争取到了饮料的赞助权。随即，李经纬精心策划了一场"摄影大战"：只要亚足联主席一喝健力宝，摄影师们便疯狂地按下快门。

　　这些珍贵的照片成为李经纬宣传的利器。他巧妙地借助亚足联的名气，将健力宝推向市场的前沿。一时间，健力宝的名声大噪，市场的大门也为它敞开了。

　　然而，新的挑战很快就出现了。订单如雪片般飞来，可彼时的健力宝并没有能力建造自己的生产线。这时，李经纬又开始了他的新一轮"借力计划"，还美其名曰"集约化经营"。说白了，就是他和一家饮料加工厂合作，让对方按他的要求和配方生产健力宝。等经销商把健力宝卖出去，资金回笼后，他再给加工厂付加工费。这一招不仅帮他省了一大笔建厂的钱，还降低了做生意的风险。

健力宝就这样靠着到处借力，一步步壮大了起来。

铭记阿尔布雷克特的忠告："若想更容易地实现财富累积，又不必为此投入过多实质性的资源，那么，必须学会灵巧地运用'借'的策略，这堪称最高明的谋略。"

松下电器的缔造者松下幸之助也坦言，自己原本只是一个一文不名的穷人，之所以能够取得卓越成就，不过是因为找到了利用全球资源实现自身理想与愿景的诀窍。在他看来，盈利之道在于将自己的创意与社会的资金流紧密结合，最终铸就个人的事业。

财富进阶

"借鸡生蛋"的核心在于一个"借"字！大多数商人是精明审慎的，要想成功"借力"，你必须对自己的项目抱有十足的信心，并能够有力地说服合作伙伴，实现双方共赢，这样才能真正达到"借鸡生蛋"的效果。所以，创业并非完全依赖雄厚的资金，更为关键的是灵活的头脑与出色的说服力。

创富实话

把"借"当成一件光荣的事情

许多人对于借钱感到难以启齿,是因为他们还没有领悟"借钱光荣"的道理。为什么说借钱光荣呢?

首先,大多数人靠劳动赚钱,如果你能利用钱生钱,那你就已经走在了前面。

其次,普通的投资者只会用自己的钱进行投资,而你知道如何利用别人的钱为自己创造更多的财富。你是不是更厉害?

最后,"借"并非无偿,你支付利息,实际上是在助力他人增加财富,这难道不是一件很光荣的事情吗?

掌握"化整为零"的艺术无论你的投资需求是 10 万元还是 500 万元,灵活运用"化整为零"的策略都至关重要。举例来说,一位在千万富翁家服务的保姆,当她计划借入 10 万元以投资雇主的公司时,便巧妙地通过向 20 多位亲朋好友筹资,最终成功集资 10 万元。在此过程中,最大的一笔款项为 1 万元,最小的一笔仅为 1000 元。可以想象,假如她一开始就试图一次性借入全部的 10 万元,可能连 1 万元都难以筹措到。

务必把利息安排好

在商言商,任何形式的借款都应支付利息。既然借款是为

第六章
创富不能单打独斗，学会互联才能赚钱

了创造更多的财富，那么支付利息便是理所当然的。记住，人们普遍具有趋利性，如果他们认为借款给你的回报不具吸引力，那么未来你可能很难再从他们那里获得资金援助。

不过，受中国传统文化影响，有些人在借款给亲友时可能会出于情面不收取利息。这种情况下，你应主动提供与利息等值的礼物作为回馈，以维护良好的借贷关系并确保未来借款的便利性。

需要注意的是，我们在借款时利息的设定务必合理，既不宜过高，也不宜过低。结合当前市场状况，月利率建议维持在10‰至15‰之间。当然，作为借款人，我们自然希望利率越低越好。然而，当月利率低于5‰时，借款的难度会大幅增加。如果月利率超过20‰，你则必须仔细评估自身的投资盈利能力，以规避潜在的投资风险。

好借好还，再借不难

古训有云："好借好还，再借不难。"这是老祖宗留下的借贷智慧。

一个人想成功，可能需要在很多方面"借力"。如果你一次就破坏了规则，失去了别人的信任，那么你以后的路就很难走了。

记住，人品是你最坚硬的倚仗，其坚硬程度胜过真金白银。

创富不能单打独斗，学会互联才能赚钱

 创富实话

> 全力以赴做我们擅长的事情。对于不擅长的工作，应该交给更专业的人去做。

诺贝尔经济学奖得主莱因哈特教授提出了一个著名的博弈论：在一场比赛中，参与者可以选择与对手合作或竞争。如果选择合作，双方可以像鸽子一样和平分享成果；如果选择竞争，就会如老鹰般激烈争夺，结果往往仅有一个胜出者，即便是胜者，也会伤痕累累。

换言之，无论是对个人还是企业而言，恶劣竞争即便侥幸获胜，也只是一种双输局面。唯有通过互相合作，才能实现真正的双赢。

以山东省菏泽市曹县三宝种植专业合作社为例。该合作社自2008年成立以来，已发展成为集黑小麦科研、种植与销售为

第六章

创富不能单打独斗，学会互联才能赚钱

一体的综合性农民专业合作社。目前，合作社已吸纳周边4个镇11个行政村的200多户农民加入，耕地面积超过5000亩，年产黑小麦高达200千克。

然而，面对市场的挑战，高产并未直接转化为高收益。三宝种植专业合作社的理事长郭玉宝意识到，必须将产品加工成品牌农产品出售，才可以提高产品的附加值。但转型之路困难重重，高昂的成本、贷款难题、认证流程的复杂性以及营销方面的不足，成为合作社发展道路上的四大障碍。

为了突破困境，郭玉宝选择与菏泽华瑞食品有限责任公司携手，委托其加工黑小麦，进而衍生出黑小麦麦仁、面条等一系列产品。此举不仅为菏泽华瑞食品带来可观的营收，同时也巧妙地解决了合作社在加工和品牌塑造方面的难题。

结合产品的独特属性，郭玉宝决定打造品牌形象，走高端市场路线，直接向大型超市和高端小区提供产品。经过华瑞食品的精湛加工与精美包装，原本每斤仅售两元多的黑小麦华丽转身，以每斤14元的价格作为包装产品呈现在消费者面前。当这些黑小麦被加工成面条时，其附加值更是显著提升，在济南市场的售价高达每箱78元，在北京市场甚至能卖到每箱108元。

通过与实力雄厚的公司合作，合作社不仅实现了品牌推广，还节省了大量的资金和精力。虽然利润可能较独立运营时有所减少，但有效降低了风险，产品知名度和市场占有率也得到了显著

创富实话

提升。这一策略无疑是合作社在市场竞争中的一次明智之举。

在过去，对于商业行为，人们普遍认为，要想实现自身利益最大化，就要将别人的利益压缩到最低。然而，随着经济的迅猛增长、科技的持续进步、全球一体化的推进以及环境问题的日益凸显，人们逐渐认识到，"损人"并不一定能实现"利己"，"利己"也并非必然要建立在"损人"的基础之上。

现代的合作观念强调的是取长补短、携手共进，追求双赢的结果，让参与的每一方都能从中获益。以耐克鞋业公司为例，作为全球领先的运动鞋供应商，耐克并没有建立自己的工厂，也没有直接雇用制鞋工人。相反，它与全球超过 50 家工厂建立了紧密的合作关系，每年共同生产出高达 9000 万双运动鞋。这种合作模式不仅使耐克降低了生产成本，还能更专注于品牌推广，同时也为合作的生产厂家带来了可观的收益。这就是双赢的典型案例。

显然，创收其实无须损人，合作更容易利己。

财富进阶

对于资金短缺、经验不足的财富追求者，选择合伙经营不失为一种明智的策略。然而，合伙赚钱亦存在诸多潜在风险。举例而言，某些人在急于扩张业务时，可能会忽视对合作伙伴信誉及实力的深入考察，从而为未来的合作埋下隐患。因此，在决定与人携手共创财富之前，进行全面细致的考量至关重要。

为什么要寻求合作伙伴

在选择合作之前，首先需要自问：我寻求合伙人的初衷是什么？是出于资金的需求，还是技术的补充，抑或是在管理风格上寻求互补？只有明确这些问题的答案，我们才能更准确地界定合作伙伴的选择标准。

采用什么样的合作方式

进一步来说，如果双方决定携手合作，那么明确合作的具体方式则是首要任务。这包括权力的均衡分配、利益的合理分配、重大决策的主导权等核心问题。许多合作伙伴最终产生纷争的根源，往往在于合作之初未能明确各项条款，如合伙权责的划分、利润的分配机制、损失的分担方式、信息的透明度，以及退出机制和争议解决机制等。

出现矛盾应该如何解决

当合作伙伴之间因观念、文化或价值观的差异而产生矛盾时，我们要如何应对呢？事实上，这类问题普遍存在。矛盾的出现并不可怕，关键在于我们能否及时有效地解决这些矛盾。因此，

创富实话

决定合作之前,我们必须对可能出现的问题进行充分的预见和准备,以免在矛盾激化时手足无措,最终导致合作关系破裂。

明确投入比例和利润分配

这一点极其重要。它不仅决定了各方在合作中的地位,还是利益分配的基础。通常情况下,投入比例与利益分配呈现正比例关系。为了确保合作的顺利进行,合作双方必须将这一点明确并落实到书面合同中,分配比例需清晰、明确,以免日后产生纠纷。

当然,随着获利情况的变化,投入也可能相应调整。双方在项目初期就应对后期资金或资源的再投入情况进行深入分析。譬如,约定若一方缺乏融资能力,另一方的投入将转化为相应的投资股份,以此来分配投入产出所带来的利益。

在合伙经营的过程中,双方务必保持账目清晰、手续完备,以随时接受检查。同时,合伙人之间应定期公开账目,确保合作的透明度。

明确退出机制

虽然我们都希望通过合伙实现风险最小化和利益最大化,但也不能忽视合作可能中止的情况。因此,在合作初期就应充

第六章
创富不能单打独斗，学会互联才能赚钱

分考虑并制定出合理的退出机制。例如，明确退出的时间节点、合作时的投入与退出时的比例、补偿方式以及承担的责任等。这些条款都需提前在书面合同中明确，以确保合作过程中有明确的指引和保障。

合理的退出机制是合作关系中不可或缺的重要组成部分，它为合作双方提供了必要的灵活性和保障措施。

签订合作协议

建立合作关系之后，不论是与熟识的伙伴携手，还是与经人介绍的新朋友共创未来，签订一份全面而详尽的合作协议都是至关重要的。这份精心拟定的协议将清晰界定出资比例、职位分配、管理权责以及分红机制等关键要素，确保双方在合作过程中能够明确各自的权利与义务。我们秉承"亲兄弟明算账"的理念，将合作关系牢牢建立在商业原则之上。如此一来，倘若在合作过程中遇到纷争或挑战，我们便能以商业准则和有效手段来妥善解决，从而避免"口说无凭"所带来的潜在风险和不必要的误解。

创富实话

梦想中的团队是如何建成的

 创富实话

　　创业就是用一个梦想去建立一个团队,用一个团队去完成一个梦想。

　　据说在硅谷,有一条广为流传的"潜规则":一个由两名MBA(工商管理硕士)和一名MIT(麻省理工)博士组成的创业团队,总能轻易赢得创投机构的青睐。尽管这仅是个传说,却揭示了一个深刻的道理——优势互补的团队配置,已成为追求财富创造不可或缺的基础。

　　过去,个人英雄主义在商业世界中或许能偶尔创造奇迹,赚取巨额财富,然而,随着市场竞争的不断升级和技术的日新月异,单打独斗的策略已愈发显得力不从心。

　　在激烈的市场竞争环境下,资源和机会变得愈发稀缺。要想在众多的竞争者中脱颖而出,独特的优势和关键资源成为制

第六章
创富不能单打独斗，学会互联才能赚钱

胜法宝。但个人奋斗往往难以获取这些要素，从而极大地限制了个人发展的可能性。同时，现代社会对于个人专业知识和技能的要求也在持续攀升。要想在某个特定领域取得成功，深厚的专业素养和技术储备至关重要。

然而，这是否意味着由聪明人组成的团队就一定能取得成功呢？

答案却令人大跌眼镜——高达95%的"聪明型"团队最终都以失败告终，成功者仅占微不足道的5%。这种现象被业内人士戏称为"阿波罗现象"。聪明人通常都有自己的独到见解，但这也正是问题的症结所在。每个成员观点中的不足之处，往往成为其他成员关注的焦点，进而成为团队内部矛盾的导火索。这样的团队组合往往如一盘散沙，极易被击溃。这种内耗如同病毒一般侵蚀着企业的机体，对其造成致命打击。

北京油通网络科技有限公司（下文简称油通科技）创立于2014年3月，是一家专为车主打造的加油站服务平台。2014年12月，油通科技成功吸引了国泰创投的数百万元投资。

然而，仅仅一年后，2015年12月，油通科技突然宣布停止运营。据官方公告，这一决定源于公司管理团队与资本方在经营思路上存在分歧，无法达成一致。但事情并未就此结束，2016年1月，油通科技的倒闭事件演变成一场"罗生门"。

2016年1月10日，公司创始人范庆河在i黑马发表的文章

创富实话

《我的狗血新年：公司倒闭，合伙人偷走公章，投资人追债》中详细阐述了自己的观点，将这场公司内部的风波彻底公开化。

范庆河声称，倒闭的直接原因是合伙人、时任 CEO 喻凯私自取走公司公章，以及投资方的不信任和阻拦。然而，喻凯对此进行反驳。他表示项目失败的根本原因是二人在经营理念上的冲突，并坚决否认了自己偷公章的行为。

喻凯澄清说，公司的财务章在油通与投资方签署资金监管协议时就已经被投资方收走。而在他离职前，公司曾召开董事会，会上范庆河与投资方达成股权质押协议，并将公司公章交给投资方。

针对挪用消费者资金的指控，喻凯认为这是范庆河的无端指责，他强调自己持有相关证据以证清白。

喻凯在回应与范庆河的纠纷时表示，由于在经营策略上存在严重分歧，特别是在是否应大规模投入资金以及员工期权池的建立问题上无法达成共识，他对范庆河的信任已经消磨殆尽，因此决定放弃在油通科技的所有股份，彻底与公司划清界限。

油通科技事件，尽管从表面上看，外部投资方负有不可推卸的责任，但抽丝剥茧，不难看出，衰败的主要原因还是创始人与合伙人之间的深刻矛盾。双方在行业理解和思维方式上存在巨大差异，又缺乏必要的信任基础，最终导致不可避免的"分手"。

第六章

创富不能单打独斗,学会互联才能赚钱

每一个创富团队都是独特的生态系统,在内部矛盾和斗争中不断演化和发展。创始人与合伙人在这个生态系统中扮演着举足轻重的角色,他们的决策和行动往往决定着团队的未来走向。

合伙创富如同婚姻生活一样,需要双方的共同努力和维护。合伙人为了共同的目标携手并进,共同面对挑战和困难。然而,正如周鸿祎所言:"找合伙人比找老婆还难!"在创业过程中,意见不合和争吵是难以避免的,甚至最终分道扬镳、彻底翻脸的情况也屡见不鲜。

财富进阶

在团队初创时期,各项事务都处于起步阶段,盈利可能并不现实。在这个阶段,团队领袖可以采取两种策略来稳定团队:一是赋予成员更多的决策权和信任,创造一个和谐愉快的工作环境;二是给予成员更多的股份,以增强他们的归属感和责任感。这样,即使在较为严苛的情况下,团队成员也能保持积极性和忠诚度。

然而,有些人既想马儿快快跑,又想马儿不吃草,既要求团队成员全力投入工作并产出成果,同时又对他们心生不满。这样的人,怎么可能不把团队带崩盘呢?

每一个创富者都应该明白,只有给予大家充分的信任和合理的回报，才能激发他们的最大潜能，促使他们共同推动团队的成功。

不可或缺的三种技能型成员

一个高效的团队绝不可缺少以下三种核心技能型成员。

技术型成员：拥有丰富的专业知识和技能，能够高效完成团队分配的各项任务。

决策型成员：具有敏锐的问题洞察能力，能够迅速提出解决方案，并在权衡利弊后做出明智的抉择。

公关型成员：擅长倾听、给予反馈、化解冲突以及处理复杂的人际关系。

尽管在团队初创阶段，可能并不要求所有类型的成员都一应俱全，但在团队发展过程中，为了适应团队不断变化的需求，一个或多个成员学习并掌握团队所缺失的技能，从而推动团队潜力的全面发挥，这样的案例屡见不鲜。这种灵活性和学习能力是团队成功的关键因素。

赋予团队参与感

小团队通常具有一个显著特征，即成员往往需要"身兼数职"。这种多元化的职责分配实际上是对员工能力的肯定，凸显了他们的全面才能。对于这类优秀人才，最佳的价值实现方式就是让他们深度参与公司的发展。

在管理团队时，我们应避免过分拘泥于"职责范围"的界定。优秀的人才应有机会参与团队的发展规划中去，因为在小规模团队的发展初期，"人才"本身就是宝贵的资产。

参与感不仅代表着团队对人才的信任，更能有效激发优秀人才的积极性和创造力。

创富者必须认识到，随着团队的不断壮大，这些与你并肩作战的人才将成为公司未来不可或缺的中坚力量，他们有可能成为公司的元老、高管甚至是股东。

因此，提前赋予他们参与感是至关重要的。这将有助于增强团队的凝聚力和成员的忠诚度，确保成员更加全心全意地投入团队的事业中去。

赋予团队安全感

对于一个员工来说，在一个小团队上班，内心最大的问题就是缺乏安全感。

这种安全感不是自身造成的，而是团队的规模或者制度造成的。

团队创始人需要解决团队成员安全感的缺失问题。毕竟大

创富实话

家愿意跟着你在初创团队奋斗,都是冲着能够创造更好的未来,要是安全感都不能得到保障,相当于看不到清晰的未来。

在团队安全感的塑造方面,除了规范健全的制度保障外,需要创造更多的业绩。职场上有句话叫作"业绩治百病,增长解千愁",只要能够带领团队创造更高的业绩,那么安全感的问题自然就迎刃而解了。

赋予团队身份感

越是小型团队,越要为团队成员塑造身份感。

尽管有人会在收到印有自己头衔的名片时自我调侃"我这个市场部经理手下就两个小兵而已",但不可否认,在与客户洽谈业务时,递出那张印有"市场部经理"头衔的名片时,他们的内心是自豪的。这种身份感,不仅对外展示了团队的专业性和实力,更重要的是,它让团队成员深切感受到来自团队的重视和认可。

受到重视,则意味着他们愿意为团队付出更大的努力。从个人职业发展的长远角度来看,无论他们未来是否仍在团队中发展,抑或是另谋高就,这重身份都是一份宝贵的"资历"。

因此,赋予团队成员恰如其分甚至超出预期的身份感,是一种至关重要的人性化管理策略。

赚钱必须"全拿走"？分钱讲究"全都有"

 创富实话

合伙赚钱的难度往往源于利益分配问题。若利益分配未能得到妥善处理，自然会对合作关系造成不良影响。

"赚钱必须全拿走"，实际上是一种零和游戏思维的体现。在这种思维模式下，财富分配被视为一种此消彼长的过程，即一方的获益必然建立在牺牲另一方利益的基础上。

然而，问题的关键在于，那些被牺牲利益的人是否会心甘情愿地接受这种安排？

一般而言，在项目尚未盈利或盈利甚微的阶段，团队成员之间的利益冲突尚未显现，因此大家能够和睦共处。然而，随着项目规模的扩大和盈利能力的提升，利益分配问题逐渐浮出

> 创富实话

水面。若利益分配不公,便可能引发团队内部的不满和矛盾,严重时甚至会导致团队分崩离析,朋友反目成仇。

真功夫起初仅为一家由亲属共同经营的小型门店,由姐夫与小舅子联手打造。初创时期,小舅子潘宇海主导经营,随后姐夫和姐姐也加入其中。鉴于彼此间的亲属关系,潘宇海认为无须过于计较,因此与姐夫、姐姐夫妇二人平均分配股权,姐姐夫妇各持25%,潘宇海则占据50%的股份。

随着真功夫的业务日益兴旺,每位成员的角色与心态都发生了微妙的转变。潘宇海在此过程中成功解决了中式快餐的标准化难题,开始觉得约定的股权分配让自己吃了大亏。另一边,市场拓展能力非常出色的姐夫蔡达标,心里也开始不平衡,认为25%的股份对自己不公,一家人渐生隔阂。

2005年后,真功夫迎来了巅峰时刻,一跃成为行业领军品牌。随之而来的,是愈演愈烈的内部纷争。由于家庭矛盾,姐姐提出离婚并争取抚养权。姐夫则提出:要抚养权,必须把手中25%的股权给我!

令人震惊的是,为了争取抚养权,姐姐竟然选择妥协,将她所持有的全部股权转让给了姐夫。这一举动导致姐夫和小舅子之间形成势均力敌的对峙局面。为了在这场内部争斗中占据上风,姐夫不断地将亲友安插在公司的关键职位上,意图削弱小舅子的影响力。

第六章

创富不能单打独斗，学会互联才能赚钱

2009年，这场内斗进一步升级。姐姐将姐夫告上法庭，与此同时，潘宇海也开始采取行动，要求查阅公司财务资料。

最终，姐夫蔡达标因职务侵占和挪用资金罪被判入狱，这场内斗才得以终结。然而，高层之间的纷争已经严重损害了真功夫的根基，导致其错失了发展的黄金时期。

商场上有句名言："没有永远的朋友，只有永恒的利益。"尽管这句话听起来冷漠无情，但它却深刻地揭示了商业竞争的残酷本质。同样，一个创业团队能否保持稳定，其团队成员之间的利益分配是否平等合理也是至关重要的因素。

相较之下，"分钱讲究全都有"则彰显了共赢的哲学，着重强调合作与共享的核心价值。

"00后"女孩张蕾敏锐地捕捉到市场上共享经济日益增长的趋势，而且旅行住宿领域此时尚处于空白期。因此，她毫不犹豫地创办了一个共享住宿平台，即通过平台，房东将闲置房间租给旅行者。

张蕾的平台精心构建了一套公平且高效的收益分配体系，保障平台、房东及旅行者三方均能从中获益。房东能够通过出租闲置房间获得额外收入，旅行者则以更为经济的价格享受到更加贴心的住宿体验，平台则通过收取合理比例的服务费来确保持续运营。

张蕾的共享住宿平台迅速成为市场的新宠，不仅为当地旅

创富实话

游业注入了新的活力,也为众多家庭带来了可观的收入。这种"全都有"的利益分配模式,成功营造了一个双赢乃至多赢的商业环境,有效提升了整个社区的经济活力。

对于资产经营者而言,要确保团队的稳定性,必须重视利益的合理分配,这才是事业长远发展的坚实保障。利益的均衡分配是维系合作团队不可或缺的纽带。新的合作团队一旦组建,就应迅速明确并建立一套合理的利益分配机制,以稳定团队成员的心态。唯有如此,团队成员才能卸下心理包袱,全身心地投入到事业中去。

财富进阶

一个合理且透明的利益分配方案,不仅能有效激发当前合伙人的工作动力,还能吸引更多有潜力的合伙人加入我们的团队。对于有意向参与创业的人士,一个公正且稳定的利益分配机制无疑是他们决定加入的重要考量因素。

团队创始人需要全方位地权衡各种要素,从而构建出一套既立足现实又具有前瞻性的利益分配方案,为创业的成功奠定坚实基础。

第六章
创富不能单打独斗，学会互联才能赚钱

贡献是主要衡量标准

在制订利益分配方案时，我们必须将合伙人的贡献作为核心考量因素。这种贡献是全方位的，不仅包括资金投入这一基础支持，还涵盖了技术支持、市场开拓等关键领域的努力。我们须知，每位合伙人在团队成立、运营以及持续发展的过程中，都发挥着不可或缺的作用。因此，我们需要严格依据各自的贡献程度，确保利益分配的公平性和合理性。

建立动态调整机制

随着事业规模的不断扩大和市场环境的持续变化，原有的利益分配方案可能会逐渐显露出其局限性和不适应性。为了保持利益分配的公正性并持续发挥激励作用，我们需要建立一套灵活且高效的动态调整机制。这一机制应密切关注企业发展和市场动向，及时对利益分配方案进行必要的调整，以实现短期利益与长期利益的均衡考虑，确保团队稳健而持续地发展。

考虑短期利益与长期利益的平衡

合伙制的核心在于将合伙人与团队利益紧密相连。为了防

> 创富实话

止合伙人追求短期的高额回报而损害团队的长远利益，我们在设计利益分配方案时可以增设一个奖励池，以此平衡和调节短期与长期利益之间的关系。同时，在团队文化建设和项目管理中，我们也应该积极向合伙人传递正确的价值观，从主观上引导他们的行为。

该分手时就分手，但要好聚好散

"合则聚，不合则散。"合伙赚钱，分歧和矛盾难以避免。从正能量上说，我们应尽力解决这些问题，但当矛盾无法解决时，及时分手也许是明智的选择。

不过，分手也要讲究方式和方法。和平分手的合作伙伴，即使在离开后，仍会维护原团队的声誉和利益，这是商业道德和职业素养的体现。相反，如果分手时撕破脸皮，不仅会损害自己的名声，还可能对团队的利益造成长期损害。

第七章

躺平才是财富自由,请玩转"睡后收入"

高速致富,要靠"睡后收入"

 创富实话

能"闭着眼赚钱",是成年人最大的底气。

最近,网络上流行一个新词,叫作"睡后收入"。别想太多,这实际上是一个早就存在,但近期才被广泛认知的财富概念。

"睡后收入",指的是在休息或睡眠时间,财富仍在持续增长的现象。换言之,即便你躺在家里酣然入睡,也有人在替你赚钱。比如说,如果你拥有商业门面,每月就能稳定地收取租金,这是一种睡后收入;如果你有储蓄存款,利息也会源源不断地流入你的口袋,这也是一种睡后收入;还有一些人,他们通过巧妙的投资,成功地实现了"资金自我增值",这更是一种睡后收入。这就像人们常说的那样:"30岁之前,我们靠体力和智力谋生;30岁之后,我们应该学会让资金为我们打工。"

孟子也曾说过,"劳心者治人"。单纯体力劳动带来的收益

第七章

躺平才是财富自由，请玩转"睡后收入"

毕竟有限，要想实现财富的快速增长，我们必须运用智慧去撬动资金杠杆，用资金去创造更多的财富，或者设法吸引更多的人为自己创造收益。

和"睡前收入"相比，"睡后收入"的最大特点就是，我们既不需要花费时间，也不需要付出劳动，就能"睡着"把钱给赚到手。换言之，"睡后收入"不会侵占我们的精力与时间，并且只要你有能力，你是可以同时拥有多个"睡后收入"的。这也就意味着，对于绝大多数普通人来说，"睡前收入"是有上限的，并且上限往往不会很高，但"睡后收入"只要经营得当，是可以没有上限的。

除了财富的增值之外，"睡后收入"更重要的一点，是能够为我们提供一份经济保障。没有"睡后收入"的人，哪怕工资再高，赚得再多，也时刻存在一种危机感，因为无论是经济形势的波动，还是自身年龄的增长或身体健康状况的变化，都可能直接影响到我们的"睡前收入"。这也是大多数人爆发中年危机的根源。

缺乏保障的人生，哪怕每月工资 5 万元、10 万元，也仍旧是缺乏安全感的。因为一旦出现问题，工作停止，那么收入的来源就完全被切断了。长期处于这种如履薄冰的境地，焦虑自然如影随形。

拥有"睡后收入"的人则不同，对于他们来说，工作不是唯一的选择，也不是需要紧抓在手里的救命稻草，哪怕一时遭遇困境，至少也还有一份基础的生活保障。拥有这份安全感，

创富实话

他们可以更加轻松地面对工作和生活，更加肆意地选择自己的生活方式，去做自己喜欢的事情，而不是疲于奔命，最终沦为金钱的奴隶。这才是真正的财富自由。

我们谈"睡后收入"，实际上就是在讲收入结构。收入结构决定了我们的财富自由程度，也决定了我们的生活状态。富人之所以能够成为富人，是因为他们会思考如何创造金钱，而不是努力、拼命地去赚钱。

 财富进阶

相比金钱收入，财商麻痹才是最可怕的。因为前者是随时可以通过多种途径来改善的状况，后者却可能成为麻痹你感官、限制你人生的枷锁。

目前比较主流的"睡后收入"有三种。

知识产权

简单来说，就是利用你所具备的专业知识和专业技能来持续变现。比如作家写书，所获得的版税就是一种"睡后收入"；科学家发明新科技，通过专利授权获得的收益也属于"睡后收入"。这些都是传统的知识产权收益，是有一定门槛的。

在互联网发达的今天，即使是普通人，也能通过互联网平台实现知识产权变现，获得睡后收入。比如，通过在自媒体平

第七章
躺平才是财富自由，请玩转"睡后收入"

台发布视频，达到一定播放量之后，就能获得平台给予的收益；或者在知识付费平台上为别人提供经验帮助，从而获得收益。

投资理财

购买银行理财、保险、基金、股票、互联网金融产品等，是目前绝大多数人创造"睡后收入"常用的手段。

如果你对投资理财不是非常在行，那么稳妥的选择，是购买大部分银行理财的常规产品。这类理财产品虽然投资回报率不是太高，但相应地，风险也会比较低。此外，货币基金，如余额宝、零钱通等理财产品，风险同样也比较低。

物业出租

从稳妥的角度出发，投资回报最高、最快的方式，依然是房产物业投资。

如果你拥有一套闲置物业，并将其出租，那么每个月获得的租金就是你的"睡后收入"。你不需要再为赚取这笔租金花费相应的时间和精力，因为物业是你的资产，这笔租金实际上就是你的资产在源源不断地为你创收。这种资产性的收入正是"睡后收入"主要的来源。因此我们说，一个人想要"躺着"赚钱，就必须不断拥有自己的资产，让资产来帮你创收。

行业选择:"睡后收入"该从哪里入手

 创富实话

人生,就怕走错路,信错人;方向错了,就是大错误。

行业是否存在优劣之分?有,答案取决于个人的审视角度。

从投资机构的视角来看,那些预计会受到资本热烈追捧的行业自然会被视为优质行业,反之则不被看好。

倘若从创富者的角度出发,那些市场预期将快速增长且竞争强度相对较低的行业,自然更有利于财富创造,反之则不然。

多年前曾与友人,一位经济学博士专门探讨了"最糟糕的行业"。这位仁兄竟然运用波特五力分析模型来分析哪些行业更适合参与竞争,得出的结论似乎与我们的认知有所不同——那些看似不理想、糟糕的市场环境中,反而可能更容易找到一席之地,无须担忧盈利问题。

第七章

躺平才是财富自由，请玩转"睡后收入"

这个观点确实也被现实不断论证过。事实上，只要不是被政策明确禁止或违背社会公德的行业，几乎都能发掘出发财的机会。即使在某些看似竞争惨烈、哀鸿遍野的领域，仍有不少独具慧眼的财富追求者，能够杀出一条血路，取得令人瞩目的成功。

元气森林的创始人唐彬森，在分享他的创业经验时强调：选择正确的方向至关重要。如果方向错误，就好比在纽约地铁上读书。

想象一下，当你看到游人在纽约地铁上读书，你的第一想法是什么？大概率是和读了《哈佛凌晨四点半》之后的感触一样，觉得人家如此优秀还那么努力，简直让人望尘莫及。

但你忽略了一点，这里是纽约地铁，不是哈佛大学图书馆。在纽约地铁上，大部分都是为生计奔忙的打工者，从概率上说，这里出现精英级别人士的可能性并不高。

这里就引出了一个重要的概念——基础概率原则。一个事件的成功率，实际上是由基础概率和该事件本身的概率共同决定的。基础概率低，那么整体的成功率也就相应降低。以演员黎明为例，他优雅帅气，但若身处男女比例为7:1的北京航空航天大学，他找到女朋友的概率相对而言也会大幅降低。

所以说，追求财富，对准入行业基础概率的洞察尤为关键。唐彬森在创业初期，曾研发出一款非常厉害的心理测试软件，

创富实话

该软件在行业内的水准遥遥领先。然而，即便产品再出色，行业市场前景黯淡，也没钱可赚！最终，他们不得不弃车保帅，转投游戏行业，结果这一转行，就转出了"开心农场"，一举拿下数十亿的财富。

财富追求者之所以经常遭遇"九死一生"的困境，其根本原因在于，许多人在布局的初始阶段就做了错误的选择。选择大于努力，这是永恒不变的道理。

事实上，有时候，我们在正确的行业中若能达到中上等水平，其实际价值就可以超越在错误的行业中取得的顶尖成就。

财富进阶

创富的真谛在于，在相同的时间框架内，实现比他人更丰厚的财富积累。然而，在追求金钱之前，更为关键的是审慎选择即将投身的行业。这需要创业者具备敏锐的洞察力和独到的商业审美。毕竟，黄铮只有一个，拼多多也只有一个。

选择创业要着眼于长远

在规划创业道路时，我们应具备长远的战略眼光，而非被眼前的短暂利益所迷惑。那种随波逐流、唯利是图的做法，显然与我们追求的创业理念背道而驰。

第七章

躺平才是财富自由，请玩转"睡后收入"

把目标盯住大公司不能插足的行业

我们的视野应聚焦在那些大型公司难以触及的行业领域，探寻并创造出大公司无法复制的、具有独特魅力的产品。这不仅是迅速成功的捷径，更是保障我们事业持久稳固的基石。

从容易操作的行业起步

对于初创阶段的财富追求者，从易于入手的行业开始往往更为稳妥。切记，不要奢望一蹴而就，因为那往往是不切实际的。在创富的起步阶段，我们可以从基础性强、门槛相对较低的行业入手，逐步累积经验、拓展资源、充实资本。只要我们的起点选择恰当，盈利自然会水到渠成。

选择资本周转率高的行业

我们要积极探寻那些充满潜力的行业领域，尤其是那些资本周转率高的行业，应成为我们的优先选项。毕竟，资本就如同人体的血液，唯有保持高速流动，才能为事业持续注入新的活力。唯有如此，有限的资金才能发挥出最大的效用，推动小额资金实现快速增值。相反，若资本周转率低，你投入一百万元，也只能当作一万元用。

周转=赚钱：如何使"睡后收入"滚动起来

 创富实话

资金流动性高的业务往往具有最佳的盈利能力。换言之，倘若在相同的行业领域内，你的资金周转率能超越竞争对手，你的利润水平就将处于行业领先地位。

一旦投身某个行业，我们的目标客户群体便相对固定。此时，我们应全神贯注、深入思考的核心议题便是：如何提升销售速度？因为每一次的资金周转，都直接关乎我们的终极目标——实现盈利。

在过去，提高利润率，即实行高价策略，被视为有效的盈利手段。然而在当代，提升周转率，也就是降低价格以促进销量，已成为显著的盈利方式。过去，尽管利润率高，但总收益有限，因为销量较少；如今，即便单笔利润较低，但总收益却

第七章

躺平才是财富自由，请玩转"睡后收入"

可观，因为销量大幅提升。价格战曾饱受诟病，因它损害了那些仍固守传统利润模式的厂商的利益。然而，无可否认的是，这一策略深受市场的热烈追捧。

"快速周转即意味着快速盈利"，这已成为当今商业领域的重要特征。"盈利依赖于周转速度"，更是这个时代越来越多迅速崛起的经营者所信奉的商业准则。

深谙资金周转之道的经营者，能够迅速实现利润，并以此抵消运营成本。他们精心策划，以确保手头常有可支配的现金流，避免过高的应收账款。在业务步入正轨之前，他们更倾向于现金交易，而后才会考虑月度结算。虽然月度结算是许多行业的惯例做法，允许客户先提货后付款，但这通常要求经营者具备较充裕的资金。同时，这些采用记账方式的客户必须具备良好的信誉。切记，不可轻易为不熟悉的客户提供月度记账服务。

进行资金周转的预算规划时，我们应秉持保守谨慎的态度，避免过度乐观的预估。这种做法体现了居安思危的智慧，能够帮助我们更好地应对潜在的风险。例如，假设我们预计下半年度将有20万元的净收入，但为了安全起见，我们可以将预期收入保守地设定为15万元。以此为基础来衡量支出，可以更有效地确保我们的财务稳健运营，因为原始预算可能过于乐观，实际运营过程中可能会遇到坏账或其他意外损失。

创富实话

当然，不同行业的资金周转方式和周期存在显著差异。例如，房地产行业可能需要数年时间才能完成一个项目，保暖内衣行业通常以一年为周期。餐饮业对资金周转的要求更高，需要每天实现多次翻台率来维持运营。以月为周期的行业更是数不胜数。为了提升资金周转率，我们可以采取多种策略：如格兰仕那样提高生产率以降低成本；如海尔一样提升品牌价值以刺激购买；或者学习美的进行扁平化管理；效仿戴尔实现零库存管理；甚至可以借鉴联想运用 ERP 系统。在这个"快鱼吃慢鱼"的竞争时代，我们必须竭尽所能、不断进取，积极寻求提高资金周转率的途径，以适应市场的快速变化。

财富进阶

倘若将企业的本质视为执行力的体现，那么生意的本质便可谓资金周转。资金周转速度在团队财务管理与运营中占据着举足轻重的地位。它直接影响着团队的资金使用效率、盈利能力，进而决定着团队在市场中的竞争地位。简言之，加快资本周转速度，已成为现代创富团队追求效益最大化的关键所在。

库存管理精细化

精准预测需求：综合运用市场调研数据、历史销售记录及高级预测模型,实现对产品需求的精准预测,从而有效规避库存过剩的风险。

实时监控库存:借助先进的库存管理系统,对库存水平进行实时跟踪与监控,确保库存量始终维持在最佳状态,以满足市场动态需求。

加强供应链协同:与供应商建立稳固的合作关系,推动信息共享与协同计划,减轻供应链中的波动效应,实现更高效的库存管理。

应收账款管理效率化

信用政策策略化:制定明晰且具有针对性的信用政策,结合客户信用评估体系,有效控制坏账风险,保障企业资金安全。

催收机制规范化:建立完善的催收流程与机制,通过定期核对账务、通知提醒及催收措施,确保应收账款及时回收,提升资金周转效率。

应收账款证券化创新:探索将应收账款转化为证券产品的可能性,利用资本市场进行融资操作,从而拓宽资金来源渠道,提高企业资金的整体使用效率。

强化现金流管理精准现金流预测:构建精细化的现金流预测模型,以准确预见未来现金流的动态变化,从而为团队提前做

> 创富实话

好财务规划和风险应对提供有力依据。

资金集中管控：借助资金池、第三方支付平台等金融工具，实现对企业资金的统一调度和高效管理，进而提升资金的使用效率和安全性。

闲置资金增值策略：将团队的闲置资金投资于短期、高流动性的金融产品，例如货币市场基金等，以在保障资金流动性的同时实现增值。

推进数字化转型业务流程智能化改造：通过引入自动化设备和智能化系统，推动企业业务流程的全面自动化和智能化升级，以大幅提升工作效率和降低运营成本。

数据驱动决策支持：充分利用大数据、人工智能等先进技术进行数据深度分析和价值挖掘，为团队提供科学、精准的决策支持。

电子商务与支付创新：积极应用电子商务模式，拓展线上销售渠道，并结合在线支付技术简化交易流程，提升客户体验和支付效率。

第七章
躺平才是财富自由,请玩转"睡后收入"

跟着"趋势"赚钱

 创富实话

每个时代都有红利,而每个时代的红利都隐藏在"趋势"中。

成功的故事各有各的不同,失败的例子总是能够找到其中的共通之处。

而最普遍的失败,无疑是"逆势而动"。所谓势,指的是宏观上的社会发展方向,在不同的发展方向中,都有被"鼓励"的赚钱手段,也有被"限制"的赚钱方法,跟着"鼓励"走,便是顺势,反之则为"逆势"。

老舍笔下的祥子就是个不关心时事的人,只知道埋头苦干。城外战火连天,他却为了几个小钱往城外跑,结果刚提的新车就被抢了,一夜之间一无所有。很多人觉得祥子可怜,但真正读过原著的人都知道,祥子的条件比我们大多数人都要好。他

创富实话

身强体壮，业务技术一流，工作能力出众；相貌堂堂，在婚恋市场上颇受欢迎，甚至还有富家女倒追；在城外发了一笔意外之财，捡了一匹骆驼。然而，这样一个好的开局，却让他经营得一塌糊涂。

身为一名失意者，他或许会将责任归咎于车厂老板乃至时代。然而，这真的能扭转他的命运吗？实则是他的短视与偏执害了自己。他对当时社会的巨变视而不见，未能及时对自己的职业路径和人生规划做出相应的调整，只知道拉车、攒钱、购车，最终导致生活愈发艰难。

对于普罗大众而言，若想获得财富，就必须顺应时代发展趋势，紧密跟随社会发展方向。无论是在学习、就业还是创业的过程中，这一原则都至关重要。

身为寻常百姓，我们缺乏家族财富的积累和社会关系的支撑，想要寻求财富增长，就必须洞悉时代发展的律动，虽然我们可能不是那个立于时代潮头、站在最前端的人，但是，我们只要洞悉了时代发展的大方向，沿着这个方向走下去，终归不会被时代所抛弃。即便我们无法跻身其行列，但在这些由财富者们引领的企业和产业中谋生，相较于其他行业，也能更轻松地获得稳定的收入。

以一名普通的大学毕业生为例，若在 2010 年左右步入职场，选择加入一家互联网企业，即便是当时规模较小的公司，

第七章
躺平才是财富自由，请玩转"睡后收入"

或是从基础的编程工作做起，其月薪也能轻松达到万元以上，远超当时同龄人的平均薪资水平。

2024年第一季度的数据显示，在俄罗斯的汽车市场，中国品牌的市场份额已接近半数；而在俄罗斯的远东地区，来自中国的外商投资占据高达90%的比例。这两组数据不仅揭示了其中的就业机会，更折射出众多人在这个过程中默默积累财富的现实。

 财富进阶

在赚取"时代红利"时，我们必须树立正确的理念：不应单纯依赖时代的便利去谋求财富，也不是为了享受优惠而去创业。以创业贷款担保政策为例，其设计初衷是在创业者面临融资难题时提供政府支持，而非诱导人们为了享受该政策盲目创业。总体而言，追求财富的首要前提是具备一定的条件和基础，这要求我们准确洞察市场商机，精心选择项目，并巧妙地借助政策资源为自身发展而服务。

选择适配的时代红利至关重要

并非所有"时代红利"都能为我所用，更不要听说哪有红利便往哪钻，那样的话，非但享受不到红利，反倒有可能成为

创富实话

别人的"红利"。我们要根据自己的资源、特长、渠道,去选择属于自己的、能够驾驭的时代红利,如此才能将红利变现。

充分发挥自身的主观能动性

时代红利不等于不劳而获。例如,即使你获得了政府担保的创业贷款,也并不意味着贷款能自动转化为你能有效利用的资金和商业价值。再比如,创业者虽然选择在创业园区落户并享受房租减免待遇,但如果无法实现盈利,这种优惠就失去了实际意义。

财富追求者必须通过自身的经营与服务活动,切实发挥政策的效应,以创造更高的产值。选择适合自身的政策后,创富者应致力于通过对政策的运用有效降低经营成本,改善经营状况,并进一步提升经营能力,为事业的持续发展壮大贡献力量,从而引领事业走向长期、稳定的发展轨道。这恰恰是政府制定这些政策的初衷和落脚点。

第七章
躺平才是财富自由,请玩转"睡后收入"

知识变现:
让学习力产生持久的经济影响

 创富实话 ||||||||||||||||||||||||||||||||||||||||||||||||||||||||||||||||||||

　　打工可以保证温饱,但很难使我们跨越圈层。想赚更多的钱,就要不断提高自身能力与认知,不能把自己固化成"廉价劳动力",一定要积攒被动收入。

　　日本作家清水久三子在《学习变现》一书中提出了一个独到的观点:唯有缩减知识摄取的时间,我们才能随时随地掌握那些无法被替代的新型技能。这些技能不仅是我们缓解焦虑的良药,更是将知识有效转化为实际能力的重要桥梁。对于渴望学习的人来说,这意味着能够争取到更多的学习时间,学习效率也会得到显著提升。

　　然而,在快节奏的现代生活中,人们不仅承受着巨大的压力,还常常被琐碎事务所困扰。因此,"时间紧,无法学习"成

创富实话

为许多人的共同难题。长期坚持学习,哪怕是几天,对很多人来说都是一项艰巨的挑战。为了逃避这种痛苦,人们总能找到各种理由来为自己开脱:"我想学习,但实在身心疲惫,力不从心!"

显然,待在舒适区是人类的天性,也是我们的软肋。缺乏强烈的学习愿望,我们就难以将所学知识转化为实际能力,更不用说实现知识变现了。

然而,那些高段位的学习者,不仅能够将知识灵活运用于工作与生活之中,更是在持续精进学习路径。这得益于他们深厚的知识储备以及积极主动的学习态度,从而为他们带来了源源不断的发展机遇与日益增强的个人能力。

高段位学习者在学习之初,便设定了清晰的目标和学习规划,最终成功将学习能力转化为盈利能力。正是对实现知识变现的强烈渴望,他们在学习过程中保持高度自律和克制,进而持续学习,直至这种学习行为成为他们的习惯。

比如说,以变现为目的,高端学习者会在学习过程中融入性价比理念。换言之,他们深刻理解知识与经济收益之间的内在联系。这种思维模式极大地激发了他们的学习热情,使他们能够有目标、有方向地前进,而非盲目跟风。

若欲将知识有效转化为实际能力,进而实现经济收益,则需要强有力的知识转化能力。高端学习者通常遵循以下路径。

第七章
躺平才是财富自由,请玩转"睡后收入"

首先,精准定位需深入研究的知识领域,这是学习的起点。他们通过阅读、专业培训或他人指导,不断积累并提升自己的认知水平。

其次,将所学知识付诸实践,这是学习的应用阶段。单纯的理论知识不足以应对现实挑战,因此,他们致力于将知识转化为实际技能,并应用于日常生活与工作中,以解决实际问题。

再次,追求卓越表现。在理解与应用知识的基础上,他们进一步锤炼技能,使自己能够熟练应对各种情境。他们不仅能够进行实际操作,还能将经验简洁明了地传授给他人,并提供有效的指导。

最后,达到传授阶段。在积累了丰富的实践经验后,他们以导师的身份出现,有偿为他人提供深刻的指导,并产生持久的影响。

同样地,倘若我们能不断调整思维方式,改变我们的行为模式,那么我们就能深刻领会到将知识转化为实际能力和实现经济收益的本质。在此过程中,我们完成了从知识积累到能力提升,再到经济收益实现这一系列的转化。这不仅塑造了我们独特的个人价值,也展现了知识转化为实际能力,最终实现经济收益的完整路径。

创富实话

财富进阶

个人利用自身知识实现盈利的途径繁多,但关键在于如何巧妙地将这些知识转化为具有市场价值的产品或服务。以下列举几种实用的方法。

在线教育与课程开发

可以依托自身的专业知识,精心制作在线课程或教学视频,并通过诸如 Udemy、Coursera 或 Skillshare 等知名教育平台进行销售。此外,还可以组织线上研讨会或工作坊,针对某一特定主题进行深入剖析与互动探讨。

写作与出版事业

将专业知识整理成书籍或电子书,通过阅文集团等知名电子书平台进行销售。同时,开设一个专业领域的博客,通过广告投放、企业赞助或提供付费内容实现盈利。

提供专业咨询服务

成为擅长领域的专业咨询顾问,为各类企业或个人提供有针对性的专业建议。还可以通过网络平台，如字节跳动、百度、知乎等，提供有偿在线咨询服务。

内容创作与社交媒体分享

制作高质量的视频内容，通过短视频平台的广告分成获得收益。同时，利用社交媒体平台积极打造个人品牌，通过合作推广或直接销售自己的专业服务来拓展收入来源。

开发创新数字产品

结合专业知识，开发实用的应用程序、工具或软件，通过销售或订阅模式实现盈利。此外，还可以创建具有价值的数字资源，如专业指导手册、工具包或模板，供用户购买和使用。

融入专业网络并交流

积极加入相关专业网络或论坛，通过解答问题或分享专业见解来提升自己的行业声誉，并在此过程中发掘潜在客户。

通过上述多种方式，我们不仅能够将个人知识有效地转化为经济利益，还能在专业领域建立起广泛的影响力。